MIJN VERLOREN ZOON

Aïcha el-Wafi

met Matthias Favron en Sophie Quaranta

Mijn verloren zoon

MOURIA

Ik dank iedereen die me heeft gesteund, met een woord, een gebaar of een glimlach, en iedereen die heeft begrepen dat mijn strijd die van een moeder was.

© 2006 Plon
Published by arrangement with Literary Agency Wandel Cruse, Paris
All rights reserved
© 2007 Nederlandse vertaling
Inger Limburg en uitgeverij Mouria, Amsterdam
Alle rechten voorbehouden
Oorspronkelijke titel: *Mon fils perdu*
Omslagontwerp: Rudy Vrooman
© Omslagfotografie: Corbis
© Foto van Zacarias Moussaoui op 20-jarige leeftijd: Sipa
Boekverzorging: Asterisk*, Amsterdam

ISBN 978 90 458 0014 1
NUR 402

www.mouria.nl

Inhoud

1

11 september 2001:
de grond zakt weg onder mijn voeten

11 september 2001. Het geweld, de verwoesting, de angst. Ik zit versuft voor het televisiescherm, waarop de beelden van de twee brandende torens te zien zijn. Het geweld is zo buitensporig dat het even duurt voordat ik me realiseer dat het geen film is, dat die lichamen die zich in de leegte storten, dat de as die zich door de stad verspreidt, echt zijn.

Ik zap mechanisch, maar overal worden steeds de beelden herhaald van de vliegtuigen die zich naar binnen boren. En iedere keer voel ik dezelfde steek, dezelfde pijn in mijn hart. Het vliegtuig nadert, nog even en dan boort het zich in het gebouw. Ik weet dat alle passagiers en alle mensen in de kantoren zullen sterven. Maar weten zij het ook? Ik ben live getuige van hun dood, zonder dat ik er iets aan kan doen. Ik wil de emotie die me overweldigt met iemand delen, maar ik ben alleen thuis en ik kan het niet opbrengen om de telefoon te pakken. Ik huil van verdriet en woede, vol afschuw over deze barbaarse waanzin. Hoe kan iemand koelbloedig besluiten zo veel onschuldigen de dood in te jagen?

Even later horen we de namen van de vermoedelijke daders: de terreurgroep al-Qaida en haar leider Osama Bin Laden. Het is de eerste keer dat ik deze namen hoor. Ik ken ze niet, en het enige wat ik begrijp is dat ze een paar arme stakkers voor hun karretje hebben gespannen. De journalisten zeggen dat ze strijden voor de islam, dat ze de heilige oorlog hebben verklaard. Maar aan wie? Denken ze echt dat ze door dood en verderf te zaaien een einde kunnen maken aan alle onrechtvaardigheid? Net als de meeste andere moslims schaam ik me en neem ik het ze kwalijk dat ze mijn religie gebruiken om deze massamoord te rechtvaardigen. Het enige wat ze willen is macht. Niets kan deze uitbarsting van geweld vergoelijken, niet Tsjetsjenië, niet Palestina en niet de Verenigde Staten.

Als ik ga slapen, denkend aan al die verwoeste levens, aan al die kinderen die hun ouders nooit meer zullen zien, aan al die moeders die hun zoon of dochter hebben verloren, stromen de tranen nog steeds over mijn wangen.

13 september, 7.15 uur. De telefoon gaat. Het is mijn dochter Jamila. Ze is overstuur: 'Zet de televisie aan, het gaat over Zacarias,' roept ze aan de andere kant van de lijn. Ik begrijp er niets van. Waar heeft ze het over? Zacarias op de televisie? Ik geloof er niets van. Waarom zouden ze het over mijn zoon hebben? Ze heeft zich vast vergist. Geen moment leg ik een relatie met de aanslagen. Hoe zou ik ook kunnen vermoeden dat hij betrokken is bij dit drama?

Maar een fractie van een seconde denk ik toch het ergste: wat als hij een van de slachtoffers is? Als hij is gestorven toen de torens instortten? Maar nee, dat is onmogelijk, het moet wel over iemand anders gaan. 'Maar waar heb je het over?'

'Ze zeggen dat hij bij de aanslagen betrokken was, dat hij in een van de vliegtuigen zat.'

'Maar Zak is geen terrorist!'

'Echt waar, ze lieten zijn foto zien en noemden zijn naam. Ze zeiden zelfs dat hij van Algerijnse afkomst is...'

'Ah, zie je wel...'

Zacarias is een Fransman van Marokkaanse afkomst, geen Algerijn. Degene over wie ze het hebben zal dezelfde naam hebben, dat is alles. Toch zet ik de televisie aan. Ik probeer mezelf gerust te stellen, maar eigenlijk ben ik versteend van angst.

7.30 uur. Wat een schok! Zijn foto vult het hele scherm. Dik, met een kaalgeschoren hoofd, een uitdrukkingsloos gezicht: hij is veranderd, ik herken hem nauwelijks. Maar het is hem wel degelijk. Die zwarte, ronde ogen met die diepe blik – dat zijn zíjn ogen, geen twijfel mogelijk. Het is echt mijn zoon! Het voelt alsof ik een harde stomp in mijn maag krijg. Mijn adem stokt. De journalist heeft het over 'een Fransman die is gearresteerd in verband met de aanslagen van 11 september'. Zijn naam: Zacarias Moussaoui. Mijn hart krimpt ineen, het bloed bonst als een klok in mijn slapen. Op de televisie praten ze al over hem alsof hij schuldig is, alsof hij de 'twintigste kaper' is.

Ik val op mijn knieën op de grond en sla met mijn handen tegen mijn hoofd. 'Het kan niet waar zijn,' is het enige wat ik kan uitbrengen. Gisteren huilde ik nog om de onschuldige slachtoffers, en nu wordt mijn zoon ervan beschuldigd een van hun scherprechters te zijn. Nu ben ik degene die in een nachtmerrie is beland. Ik strek mijn hand uit naar het dressoir en pak de foto van Zacarias op zijn twintigste, met een glimlach vol mooie beloften. 'Zacarias, zeg me dat het niet waar is...'

De tijd staat stil. Ik blijf liggen en schreeuw het uit van angst en pijn. Ik kan het nog steeds niet geloven. Hij verafschuwde geweld. Hoe kan hij zo zijn veranderd? Waarom heeft hij zo'n verschrikkelijke daad gepleegd? Ik begin weer hoop te krijgen. Het zou tenslotte niet de eerste keer zijn dat iemand ten onrechte wordt beschuldigd. Oké, de laatste keer dat ik hem zag, was Zacarias praktiserend moslim geworden, maar dat maakt hem nog niet tot een terrorist. Wie kan mij hier meer over vertellen?

Ik denk terug aan een vreemd bezoek, twee jaar eerder. Op een dag kwamen twee mannen in pak naar me toe, op het moment dat ik mijn voordeur opende. Ze legden uit dat ze van de DST waren, de inlichtingendienst, en dat ze wilden weten waar Zacarias was. Hoe moest ik dat weten? Ik had al vier jaar niets van hem gehoord. Ze vertrokken en gaven me hun kaartje, 'voor het geval dat', zeiden ze voordat ze de deur dichtdeden. Ik maakte me niet zo veel zorgen. Ook omdat ik in die tijd niet precies wist wat de DST deed. Toch heb ik hun telefoonnummer altijd bewaard, alsof ik een slecht voorgevoel had.

Als er iemand is die me op dit moment kan vertellen of mijn zoon echt hierbij betrokken is, zijn zij het.

Agent H. is een beetje verbaasd als ik bel. 'Is mijn zoon echt gearresteerd door de FBI?' vraag ik meteen. Hij weet van niets. Ik heb zelfs de indruk dat ik de eerste ben die hem vertelt dat mijn zoon op televisie is getoond als de twintigste kaper.

'Ik zoek het voor u uit en bel u terug,' zegt hij voordat hij ophangt.

Ondanks mezelf krijg ik weer wat hoop. Het gaat tenslotte om de Franse inlichtingendienst! Als zij nergens van weten, is het misschien een fout en hebben de media zich vergist.

De seconden tikken langzaam voorbij en een uur later belt hij terug: 'Madame el-Wafi, het spijt ons, maar het gaat inderdaad om uw zoon. Zacarias zit sinds augustus in de gevangenis.'

Ik ben verbijsterd. Wat is er gebeurd? Wat heb je gedaan, Zacarias? Hoe kan het dat mijn zoon, die ik heb gebaard, die ik zo veel jaren heb liefgehad en getroost, betrokken is geraakt bij deze barbaarse daad?

In enkele seconden stort mijn wereld in elkaar. Na een gevecht van jaren dacht ik dat ik er eindelijk in was geslaagd mijn familie te beschermen tegen haat, geweld en obscurantisme. Maar de nachtmerrie waarvan ik dacht dat hij voorbij was, begint opnieuw, en is gruwelijker dan ooit.

2

Mijn jeugd: de geur van vrijheid

Daar is de oude man met de witte baard. Hij ligt op bed. Een tante legt een wit laken over hem heen. Het is mijn vader. Ik ben pas drie als hij sterft en dit beeld is het enige wat ik me van hem herinner.

Ik word opgevoed door mijn oom. Omdat zijn vrouw en hij geen kinderen kunnen krijgen, hebben ze mijn ouders, die er al vier hebben, gevraagd of ze me mochten adopteren. Zoiets is niet ongebruikelijk in islamitische landen. In mijn geval is het heel eenvoudig omdat mijn oom naast mijn ouders woont. Ik leef in Azrou, in het Midden-Atlasgebergte, in Marokko, vlak na de Tweede Wereldoorlog. Mijn familie heeft een winkeltje in de *souk* en we zijn niet arm en niet rijk.

Mijn oom Haman omringt mij met grenzeloze liefde. Dankzij zijn tederheid en liefde groei ik op met het idee dat een klein meisje net zo veel achting en respect verdient als een jongetje. In die tijd kon ik nog niet weten dat dat idee mijn leven zou bepalen.

Mijn oom is een buitenbeentje in onze familie. Hij is heel modern en doet er alles aan om zich te bevrijden van het juk van de tradities, zonder zich iets aan te trekken van het geroddel of de mening van anderen.

Mijn jeugd: de geur van vrijheid

Tegen het advies van de familie in trouwde hij met een gescheiden vrouw. 'Als je met haar trouwt, maak je de hele familie te schande,' zeiden ze. 'Dat is geen vrouw voor jou.' Dat weerhield hem er niet van haar lief te hebben tot het moment dat hij zijn laatste adem uitblies. Zijn normen botsten hevig met die van zijn tijd.

Ik wil alleen maar buiten spelen met mijn vriendinnetjes. Mijn jeugd verschilt niet van die van de meeste kinderen, behalve dat jongens en meisjes hier van elkaar zijn gescheiden door een onzichtbare muur. Bepaalde spelletjes zijn verboden voor meisjes. Maar ik ben een kind en begrijp niet waarom ik niet ook op een nieuwe fiets de hellingen af mag rijden.

'Dat is niets voor meisjes,' antwoordt mijn oudste broer als ik hem om een fiets vraag.

'Maar waarom niet?' vraag ik naïef. 'Ik beloof dat ik niet zal vallen.'

'Daar gaat het niet om! Een fiets is voor jongetjes, punt uit!'

Ik ben pas zeven en nu al sta ik versteld van de ongerijmdheid van deze wereld die voor en door mannen is geschapen.

'Het is niet anders,' bevestigt mijn oom, 'we moeten ons aan de traditie houden. Maar als je het echt wilt en als je je mond kunt houden, heb ik misschien een cadeau voor je...' voegde hij er geheimzinnig aan toe.

Zijn verrassing is een fiets. Ik kan mijn ogen niet geloven. Hij is niet nieuw en op de kwaliteit is het een en ander aan te merken, maar voor mij is het de mooiste fiets van de wereld. De weken daarop neemt hij me mee de stad uit en leert hij me fietsen op de zandweggetjes. Wat een verrukking, wat een gevoel van vrijheid! Het is ons geheim, een ritueel dat in mij het idee tot leven wekt dat tradities er zijn om doorbroken te worden.

Eigenlijk denk ik dat iedereen van onze geheime uitstapjes wist, maar zolang iets niet recht voor hun neus gebeurt, kiezen mensen ervoor het maar te negeren, wat aantoont hoe hypocriet die archaïsche gewoonten zijn.

Als we terugkomen, heb ik steevast de brede glimlach op mijn gezicht van een kind dat zojuist een spannend avontuur heeft beleefd. Het kan mijn oom niets schelen dat sommigen zijn houding als een provocatie beschouwen. Hij houdt van me als een vader van zijn kind en hij wil me niet veroordelen tot de eenzijdige rol van 'toekomstige-huisvrouw-in-dienst-van-haar-man'.

Ik heb het gevoel dat hij de eerste is die het verlangen naar onafhankelijkheid dat in mij ontkiemt en mijn verzet tegen de onderdrukking in naam van de een of andere traditie, onderkent. Ook nu nog vullen mijn ogen zich met tranen als ik aan hem terugdenk, al moet ik toegeven dat hij op één punt is gezwicht voor het juk van de traditie, en dat betrof een van de belangrijkste factoren die de situatie van vrouwen in de islamitische landen in die tijd bepaalden: onderwijs.

Ik wil naar school. Ik ben nieuwsgierig van aard en wil graag leren.

In mijn wijk gaan bijna geen meisjes naar school. Slechts een enkeling heeft het geluk dat haar ouders liberaal genoeg zijn. Maar omdat ik bij mijn oom woon, ben ik ervan overtuigd dat mijn moeder geen bezwaar zal maken. Op een dag besluit ik het er met haar over te hebben. 'Ik heb daar niets over te zeggen,' legt ze uit, 'je broer is nu degene die voor jou beslist.' Ik geef niet zo snel op en 's avonds verzamel ik al mijn moed en vraag ik het aan mijn oudste broer Mohammed. 'Waarom wil jij naar school?' vraagt hij op agressieve toon. 'Om briefjes aan jongens te schrijven, soms? Voor een meisje heeft het geen enkele zin om naar school te gaan. In huis ben je veel nuttiger.' Ik ben diep vernederd. Is dan niemand geïnteresseerd in wat ík wil? Het is altijd hetzelfde liedje, het enige waar een meisje goed voor is, is 'nuttig' zijn.

Bij ons gaat het zo: als de vader overlijdt wordt de oudste zoon gezinshoofd. Hij neemt alle beslissingen, ook voor zijn eigen moeder. En net als iedere andere moslimman leeft hij met de angst de controle te verliezen over een van de vrouwelijke gezinsleden. 'Als Aïcha niet gehoorzaam is, zeg het me dan, dan geef ik haar wel een pak slaag,' zegt hij altijd tegen mijn oom als hij langskomt. En hij komt zijn belofte ruimschoots na. Blijkbaar denkt hij dat slaan een manier is om er zeker van te zijn dat ik zal gehoorzamen. Ik heb de indruk dat hij me eerder wil dresseren dan opvoeden en het verbaast me dan ook niet dat hij me onder geen beding naar school wil laten gaan. Het is voor hem net zo onvoorstelbaar als wanneer ik hem zou vragen over straat te mogen lopen of insecten te mogen eten bij het ontbijt.

Mijn lot is bezegeld en ik ga dus niet naar school. Niemand vraagt zich af wat mijn toekomstdromen zijn. Het dringt nu tot me door dat ik maar een meisje ben, en dat een meisje in onze cultuur geen recht heeft op dromen.

Vanaf die dag voel ik dat mijn oudste broer me met andere ogen bekijkt. Hij is achterdochtig en zijn aanwezigheid wordt steeds benauwender. Hij begint mij te zien als een rebel en houdt me in de gaten vanaf het moment dat ik de deur uit loop.

'In plaats van naar school gaan, kan ze beter de Koran leren,' zegt hij tegen mijn oom. Mijn oudere oom is weliswaar wijs, maar ook nogal meegaand en hij geeft toe. 'Lieverd, je kunt beter beginnen op de religieuze school. Daar leer je wat God is en dat je respect moet hebben voor je naasten. Dat is het belangrijkste.'

Het is beter dan niets, denk ik bij mezelf, zo kan ik in ieder geval nieuwe dingen ontdekken.

En dus breng ik alle ochtenden door in de *madrassa*, de Koran-school, om de gebeden en soera's uit mijn hoofd te leren. De klas bestaat uit ongeveer vijfentwintig leerlingen, die in kleerma-kerszit op de grond zitten. Uren achtereen reciteren we als robots de Koran terwijl we ons bovenlichaam lichtjes van voor naar achter bewegen. In het begin begrijp ik niet waar dat wie-gen toe dient, maar al snel merk ik dat die beweging een hypno-tiserend effect heeft. Als je jezelf dwingt van voor naar achter te wiegen, kun je nergens anders aan denken en zo leer je sneller. Vervolgens legt de imam uit dat we respect moeten hebben voor onze familie, voor de Koran, enzovoort. Het is moeilijk, en iede-re fout wordt bestraft.

Ondanks mijn aanvankelijke enthousiasme wil ik al snel meer. Ik wil het leven ontdekken, me nuttig voelen, het gevoel hebben dat ik aan mijn toekomst bouw. Maar steeds als ik vraag of ik net als de jongens van mijn leeftijd naar school mag, is het antwoord: 'Jij hebt niets aan school.'

Mijn broer geeft mijn oom uiteindelijk wel toestemming mij te laten helpen in zijn winkeltje in de souk. Vijf jaar lang verkeer ik tussen de klanten en de leveranciers, en heb ik het gevoel dat ik een eigen plaats heb veroverd, dat ik deel uitmaak van de samenleving. Ik geniet van het winkeltje-spelen-in-het-echt en het geeft me de kans te bewijzen dat ik even goed kan werken als welke jongen ook. Misschien is dit wel de periode, deze jaren waarin ik niet word behandeld als een klein meisje maar gewoon als een pientere en hulpvaardige assistent, waarin bij mij het idee ontkiemt dat ik een ander leven zou kunnen leiden dan het leven waarvoor de meeste meisjes in mijn land worden geprogrammeerd. Een leven waarin ik me als individu kan ontplooien.

In de wijk heb ik enkele Franse vriendinnen. Zoals de meeste dochters van kolonisten komen ze uit een veel hoger milieu dan ik, maar dat weerhoudt ons er niet van samen te kletsen, te hinkelen of te elastieken. Zij hebben mooie jurken, mooie huizen, maar waar ik hen vooral om benijd, is hun vrijheid. Ze mogen alles wat voor mij verboden is: naar school gaan, fietsen, naar de bioscoop, en bovendien mogen ze praten met wie ze willen. Mijn oudste broer heeft me al ettelijke keren geslagen omdat ik antwoord gaf op een vraag van een jongen. Als iemand tegen hem zegt: 'Ik heb Aïcha met een jongen zien praten', is dat voor hem al genoeg om me zodra ik het huis binnenkom een klap in mijn gezicht of een schop te geven, ongeacht of het waar is of niet. Door deze beschuldigingen en geruchten leven we in permanente angst.

'Maar jongens mogen toch ook met meisjes praten!' werp ik een keer tegen.

'Ja, maar jij bent een meisje, punt uit!'

Mij als tienjarige ontgaat de logica van dat argument. Waarom mogen jongens praten met meisjes, die gestraft worden zodra ze iets terugzeggen?

Ik besluit dat verbod te negeren. Maar in deze maatschappij, waarin iedereen je gangen en handelingen volgt, waar iedereen je bespioneert en je ervoor laat boeten als je afdwaalt van het pad dat voor je is uitgestippeld, kun je maar beter voorzichtig zijn.

Daarom bedenk ik een strategie. Ik zeg tegen mijn moeder dat ik wel boodschappen voor haar wil doen. Ze accepteert mijn aanbod zonder veel problemen. Nu heb ik een excuus om vrijuit te praten met de jongens van de winkel, met het boodschappen doen als dekmantel, zonder dat iemand me iets kan verwijten. Het zijn onbeduidende gesprekjes, maar iedere keer sidder ik vanwege de spanning van het verbodene.

Deze wereld, die niet voor mij is gemaakt, verstikt me. Ik weet niet hoe ik mijn woede en frustratie kan uiten. Op een dag krijg ik een idee terwijl ik langs de kapper van de wijk loop: 'Goedendag, wilt u alstublieft mijn haar afscheren?'

De kapper is verbaasd als hij ziet hoe jong ik ben en hoe weelderig mijn haardos is.

'Maar waarom wil je dat? Je hebt prachtig haar.'

'Het jeukt,' zeg ik alleen.

Natuurlijk is dat niet waar, maar ik weet dat de kapper zonder meer mijn hoofd zal kaalscheren als ik doe of ik luizen heb.

Als ik de straat weer op ga loop ik langzaam, met opgeheven hoofd, genietend van de verbaasde blikken. Zo, kijk maar, ze denken dat ze me in hun macht hebben, maar ik doe wat ik wil, het is mijn hoofd, denk ik bij mezelf terwijl ik met mijn hand over mijn schedel strijk.

Als ik de deur van mijn huis open houd ik mijn adem in. Hoe zal mijn moeder reageren? Zal ze begrijpen dat wat ik heb gedaan geen ondermijning van haar gezag is, maar een opstandige daad van een klein meisje dat een beetje vrijheid zoekt in deze wereld die voorschrijft hoe ze zich dient te gedragen?

Mijn moeder kijkt me stomverbaasd aan.

'Wat heb je nou gedaan?'

'Niets, het jeukte, dat is alles,' zeg ik alsof het de gewoonste zaak van de wereld is.

'Ze lijkt wel een jongen,' merkt een vriendin van mijn moeder op.

Mijn jeugd: de geur van vrijheid

Een jongen! Juist, zonder het te weten slaat ze de spijker op zijn kop. Wat zou ik graag het leven leiden van een jongen, die in deze maatschappij alle rechten heeft, nooit terecht wordt gewezen en het leven kan leiden waar hij van droomt.

Zo gaan twee jaar voorbij. Als ik twaalf ben, verandert alles helaas opnieuw. Mijn oom wordt ernstig ziek en mijn tante besluit me terug te sturen naar mijn moeder.

Ik maak van de nieuwe situatie gebruik om te proberen mijn droom te verwezenlijken. Zonder medeweten van mijn moeder en mijn broer schrijf ik me in bij de school in mijn wijk. Ik ga stiekem naar school en probeer in de klas zo min mogelijk op te vallen.

Uiteraard kan dit spel niet lang duren; mijn achterdochtige broer volgt me en ontdekt mijn geheim.

Woedend stormt hij de klas in. Is het de gedachte dat ik op een plaats ben waar kennis wordt verspreid, een plaats die voor hem is bedoeld en verboden is voor meisjes, of is het simpelweg de ontdekking dat ik hem niet heb gehoorzaamd? Hij begint te schreeuwen en te slaan en sleept me aan mijn haren naar huis – een afstand van meer dan een kilometer.

Drie dagen lang mag ik het huis niet verlaten.

Tot er iemand op de voordeur klopt. Het is de directrice van de school. Ze maakt zich zorgen omdat ze me niet meer in de klas heeft gezien. Mijn moeder legt haar uit dat ik me heb ingeschreven zonder dat zij het wist, tegen de wil van het gezinshoofd. 'Jammer,' zegt de directeur. 'Aïcha was een zeer getalenteerde en geïnteresseerde leerling.' Ik sluit mijn ogen in de hoop dat mijn moeder opstaat om me te omhelzen en te zeggen hoe trots ze op me is, dat er geen enkel probleem is en dat ik de volgende ochtend weer naar school mag. Maar de hoop vervliegt al snel. 'Ik ben niet degene die beslist, maar haar broer,' zegt mijn moeder, 'en hij verbiedt haar naar school te gaan. Ze moet hem gehoorzamen.'

Het contrast tussen de twee vrouwen is opmerkelijk. God weet dat ik oneindig veel van mijn moeder houd, maar op dat moment doet het me pijn te zien dat ze zich gedienstig opstelt, dat ze zich door haar zoon, die ze heeft gedragen, gebaard en jarenlang heeft verzorgd, de wet laat voorschrijven.

Nu begrijp ik dat zij het verleden vertegenwoordigt en dat deze directeur, die zich heeft ontworsteld aan de tradities op grond waarvan vrouwen worden onderdrukt, de belichaming is van de toekomst.

De directeur dringt aan: 'Ze kan op zijn minst naar de school voor jonge meisjes, naar het praktijkonderwijs. Dan komt ze in ieder geval het huis uit en leert ze alles wat een jong meisje moet weten.' Na even te hebben nagedacht belooft mijn moeder dat ze er met mijn broer over zal praten zodra hij thuis is.

'Goed,' zegt mijn broer tot mijn grote verbazing. 'Het is toch tijd om de teugels weer wat aan te halen en haar te leren hoe ze het huis op orde moet houden,' voegt hij eraan toe, zonder de moeite te nemen mij aan te kijken. Dus word ik ingeschreven bij de meisjesschool. Hier geen wiskunde, geschiedenis of aardrijkskunde, maar handwerken, koken en kinderverzorging. Het is niet wat ik wil, maar het is zo slecht nog niet. Toch vraag ik aan mijn broer of ik mag leren lezen en schrijven. 'Waarom?' vraagt hij bars. 'Dat heb je niet nodig. Dat is trouwens in het praktijkonderwijs verboden. Als iemand erachter komt dat je leert lezen, kun je die school verder wel vergeten!'

Ik besluit van de nood een deugd te maken en me volledig in

te zetten voor die bewuste praktijklessen. Wijst de directeur ons er niet steeds op dat de beste leerlingen werk kunnen krijgen als ze klaar zijn met de opleiding? Marokko is nog maar net onafhankelijk en het land zal vrouwen nodig hebben om functies over te nemen die tot dan toe door Fransen werden vervuld. Ik klamp me vast aan die droom en zet alles op alles.

Hoe kan ik weten dat mijn familie heel andere plannen met mij had toen ze me bij de school inschreven en dat die plannen mijn dromen in rook zouden doen opgaan.

3

Gearrangeerd huwelijk

Vlak na mijn veertiende verjaardag, net voordat ik mijn einddiploma van de meisjesschool zou halen, wordt al mijn hoop de bodem ingeslagen. Die dag staat voor eeuwig in mijn geheugen gegrift.

Als ik thuiskom uit school zie ik mijn schoonzusje, de vrouw van mijn broer Mohammed. Een vreemde gloed in haar ogen vertelt me dat er iets aan de hand is. Het lijkt of ze op me stond te wachten. Mijn hart klopt in mijn keel. Ik ben bang dat ik iets stoms heb gedaan, dat iemand heeft beweerd dat ik met een jongen heb gepraat of iets dergelijks. Ze komt naar me toe. Haar houding straalt onoprechte warmte uit en ze heeft een uitdagende blik die weinig goeds voorspelt.

'Zo, het is zover, het is jouw beurt.'

'Mijn beurt waarvoor?'

'Nou, het is zover, je gaat eindelijk trouwen!'

Enkele seconden blijf ik onbeweeglijk staan, mijn mond open, verdoofd. Ik kijk mijn schoonzuster gespannen aan in de hoop dat ze in lachen uitbarst en zegt: 'Ha! Daar had ik je mooi te pakken, hè, je trapte erin!' Maar in haar blik zie ik niets anders dan leedvermaak.

'Trouwen? Maar dat kan niet! Ik ben nog maar veertien, ik ben nog een kind! Ik kan toch niet trouwen. Bovendien, met wie zou ik moeten trouwen, ik ken niemand,' zeg ik naïef.

'Het is een man uit de wijk, die grote met de donkere huid, met die grote motor,' verduidelijkt mijn schoonzuster, zichtbaar tevreden over het effect.

Ik ken zijn naam niet, maar ik weet heel goed over wie ze het heeft. Mijn vriendinnen en ik noemen hem 'het monster'. Een reus van 1 meter 95 (ik ben maar 1 meter 55), met een mager maar atletisch lichaam, het gezicht van een bokser en handen als kolenschoppen. Verder heeft hij de reputatie een vechtjas te zijn. Hij boezemt me niet alleen angst in, maar staat ook voor alles wat ik verafschuw: hij is een opschepper, gedraagt zich vulgair, kleedt zich slecht en, het ergste van alles, hij is metselaar. In de ogen van de puber die ik ben, is dat geen geschikt beroep voor de prins op het witte paard...

'Je maakt een grapje, dat kan niet! Hij is vijfentwintig! Dat is veel te oud, hij zou bijna mijn vader kunnen zijn,' zeg ik tegen haar, nog steeds in de vage hoop dat ze me voor de gek houdt.

'Ik maak geen grapje, wacht maar af.'

Op dat moment komt mijn moeder binnen. Onmiddellijk wendt mijn schoonzuster zich tot haar. 'Ik heb het haar verteld,' zegt ze tevreden.

Ik ben verlamd. Met smekende ogen staar ik mijn moeder aan, vurig hopend dat het niet waar is. Ze komt naar me toe en zegt nors: 'Waarom trek je zo'n gezicht? Alle meisjes willen graag trouwen, maar jij, het lijkt wel of je naar een begrafenis moet!'

Maar dat is het nou net, ze zijn hier mijn eigen begrafenis aan het organiseren, denk ik bij mezelf.

'Maar ik ken hem niet eens!'

'Nou, en? Je zult hem wel leren kennen,' antwoordt mijn moeder.

'Maar dat wil ik niet! Ik wil niet met hem trouwen!'

'Luister,' antwoordt mijn moeder. 'Ik ben op mijn elfde getrouwd en ik ben er niet aan doodgegaan. Het is niet aan jou om de regels te veranderen! En je zult zien dat het een goede man is. Bovendien heeft hij geen familie!'

Voor mijn moeder is het feit dat deze man geen banden heeft een zwaarwegend argument, dat ongetwijfeld de doorslag gaf bij haar beslissing om het aanzoek van deze onbekende man te aanvaarden. Dat betekent namelijk dat hij bij ons kan komen wonen, en in onze cultuur is het altijd goed om een man in huis te hebben, anders zijn de vrouwen die daar wonen algauw verdacht.

Toen mijn broer trouwde en met zijn vrouw het huis verliet, moest hij dus zo snel mogelijk een man voor me vinden. Het opvullen van de leegte die hij achterliet, is de eerste prioriteit van mijn moeder, en ik ben het ruilmiddel.

Voor mijn moeder heeft het feit dat mijn toekomstige man geen ouders heeft nog een voordeel: zij zal de enige 'ouder' in het gezin blijven en hoeft het respect dat hij haar verschuldigd is niet met anderen te delen.

Dat is de reden dat ze me aan een onbekende heeft aangeboden.

'En hoe heet hij?' vraag ik uiteindelijk lijdzaam.

'Hij heet Omar Moussaoui.'

Ik kom er al snel achter dat alles al beklonken is. Alleen de bruiloft moet nog worden georganiseerd. Niemand heeft het nodig geacht mij te waarschuwen, laat staan naar mijn mening te vragen.

Ik ren het huis uit naar mijn vriendin Aziza en vertel haar over mijn benarde situatie.

We weten dat gearrangeerde huwelijken bestaan. Sommige vriendinnen van ons zijn er al 'doorheen gegaan', zoals wij het noemen. Maar we dachten altijd dat het óns niet zou overkomen, dat wij een ander leven zouden leiden, dat onze familie te veel van ons hield om ons dat aan te doen.

Aziza is net zo verontwaardigd als ik. Misschien is dat een manier om haar eigen angst voor wat haar zeker ook te wachten staat, te bezweren. 'Wacht maar, ik zal wel eens even met die Omar gaan praten,' roept ze uit. Ze staat op en vertrekt in de richting van de bouwplaats waar hij werkt, vastbesloten om me uit de problemen te helpen.

Een halfuur later komt ze terug

'En, heb je hem gezien?'

'Natuurlijk! Ik heb hem gezegd dat hij je met rust moet laten, dat je niet van hem houdt en dat je niet met hem gaat trouwen.'

'En toen?'

'Hij antwoordde: "Dat zullen we wel eens zien", en ging weer aan het werk.'

Aziza zou haar moed duur bekopen. De volgende ochtend verspreidt Omar het gerucht dat mijn vriendin een jongen heeft omhelsd, wat voor haar vader en broers aanleiding is om haar tot bloedens toe te slaan.

Terneergeslagen door de reactie van Omar Moussaoui ga ik terug naar huis. De woonkamer is vol met mensen. Iedereen praat luid en het huis is gevuld met vrolijkheid en gelach. Mijn tantes en buurvrouwen, die als tussenpersoon zijn opgetreden bij het aanzoek van Moussaoui, hebben zich verzameld om thee te drinken en zoete lekkernijen te eten. Terwijl het feest wordt voorbereid, lig ik in mijn kamer te huilen. Maar niemand maakt zich er druk om of besteedt enige aandacht aan mij.

Ik herinner me het verhaal van een vriendin die haar moeder ertoe heeft kunnen bewegen de bruiloft af te zeggen. Misschien heeft ook mijn moeder begrip voor mijn wanhoop en besluit ze naar me te luisteren en alles terug te draaien. Ik droog mijn tranen en ga naar haar toe.

'Luister, nu is het genoeg,' antwoordt ze onaangedaan. 'Ik weet wat goed voor je is. Als je niet wilt trouwen, dan vertrek je maar en zoek je zelf maar uit hoe je je in leven houdt. Het is toch al te laat, iedereen is al akkoord gegaan,' voegt ze eraan toe. 'Je zult een man hebben en een dak boven je hoofd. Bovendien heeft hij beloofd dat je hier mag blijven. Wat wil je nog meer?'

Wat wil ik nog meer? Heel simpel: liefde. Niet worden behandeld als koopwaar en zelf de koers van mijn leven mogen bepalen.

Ik dacht dat ze me in haar armen zou sluiten, dat ze medelijden met me zou hebben. In plaats daarvan luistert ze nauwelijks en doet ze alsof ik haar heb verraden omdat ik niet wil trouwen. In tranen keer ik terug naar mijn kamer. Mijn moeder wuift mijn leed weg. Ze verkiest blind respect voor de traditie boven het geluk van haar dochter. Wat moet ik doen? Er is geen uitweg. Hier houdt mijn leven op. Mijn jeugd, mijn hele leven is verwoest.

Ik denk terug aan mijn kindertijd, toen ik met mijn vriendinnen over de prins op het witte paard droomde. Ik wilde een man met groene ogen, een lichte huid en zwarte haren, maar vooral een man die mijn kameraad was, die me begreep, met wie ik kon praten. Ongetwijfeld was ik beïnvloed door de tolerantie van mijn oom en de genegenheid tussen hem en zijn vrouw.

Jarenlang verstopten mijn vriendinnen en ik ons om de gesprekken van de vrouwen in de hamam of in huis – ver van hun mannen – af te luisteren. Allemaal klaagden ze over hun man: 'De mijne laat me nooit rustig slapen', 'Mijn man drinkt', 'De mijne slaat me', een ander 'gaat naar de hoeren'. We begrepen niet altijd waar ze het over hadden, maar wat ik wel wist was dat ik niet op hen wilde lijken: ze spraken nooit over liefde. Geen van hen had haar man uitgezocht, maar daar maakten ze zich niet druk om, alsof dat van secundair belang was. Mijn vriendinnen vroegen zich zelfs af of de liefde wel echt bestond.

Ik stelde hen gerust met verhalen over mijn oom die zijn vrouw overlaadde met tederheid en over de ouders van Franse vriendinnen die ik elkaar had zien omhelzen. De liefde bestond dus, maar blijkbaar hadden wij er geen recht op!

Waarom zou ik niet mogen beminnen en bemind worden? Waarom zou ik me tevreden moeten stellen met leven in hypocrisie en leugens, waarom zou ik me de wet moeten laten voorschrijven door een man van wie ik niet houd en die mij minacht?

Getrouwd zijn is voor deze vrouwen het enige wat telt, het enige waar ze trots op zijn. Ze zijn 'uitverkoren'. En ze zijn tot alles bereid om hun huwelijk te in stand te houden. Ze accepteren alles, alle compromissen, alle hypocrisie. Het is duidelijk dat ze de liefde allang vaarwel hebben gezegd. Ze maken zich zorgen om andere dingen: 'Ik vermoord hem als hij het waagt nog een vrouw te nemen', horen we vaak iemand zeggen. In de hamam of bij de thee praten ze bijna alleen maar over de vraag hoe je voorkomt dat je man een tweede vrouw neemt. Ieder heeft zo haar oplossing, haar eigen methode. Maar wat het vaakst wordt genoemd is toverij. Iedereen, of bijna iedereen, past toverij toe, met magische kruiden en vreemde riten. De angst te worden verlaten of, erger nog, verstoten, beheerst hun gedachten.

Dat is dus ons beeld van de wereld van volwassenen, een wereld vol complotten, geheimen en intriges. De geheimen van deze vrouwen fascineren ons en boezemen ons tegelijkertijd angst in, alsof een deur op een kiertje wordt gezet om ons een wereld te laten zien die nu nog voor ons verboden is, maar waartoe we wel veroordeeld zijn: de wereld van de echtparen, waar liefde en tederheid plaatsmaken voor een strijd om de macht.

Als we hun gesprek met onze komst onderbreken, geven hun blikken ons een gevoel van onbehagen, alsof ze het ons verwijten, alsof wij de personificatie zijn van al hun angsten. Deze vrouwen van vijfendertig, die vijf of zes kinderen hebben, zien ons blagen van twaalf, dertien of veertien als concurrenten, als een bedreiging. Wij drijven de spot met hen en zweren dat we nooit zullen worden als zij. Maar nu is het mijn beurt.

Ik denk aan mijn Franse vriendinnen in de wijk, aan hun ouders die met ze praten, hun hand vastpakken en hen soms omhelzen. Ik benijd ze. Als ik hen bekijk begrijp ik dat ik ben geboren in een wereld die niet voor mij is gemaakt.

Een tante ziet mijn tranen en komt naar me toe: 'Maar waarom huil je?' vraagt ze, in een poging me gerust te stellen: 'Nu zul je een vrouw worden.'

Het enige effect is dat de tranen opnieuw beginnen te stromen. Ik ben veertien jaar, ik ben nog een kind, ik wil geen vrouw worden. En zeker niet de vrouw van die man die ik niet eens ken.

'Later zul je begrijpen dat je heel blij mag zijn dat je getrouwd bent: je zult een dak boven je hoofd hebben, mensen zullen eerbied voor je hebben,' voegt ze er nog aan toe om me te troosten.

Moet ik blij zijn dat ik levend word begraven? wil ik antwoorden. Maar wat heeft het voor zin? Iedereen neemt de gewoonten van zijn voorouders over zonder zich ook maar één vraag te stellen.

Dat ze hebben besloten mij uit te huwelijken, betekent alleen maar dat mijn familie is gezwicht voor de druk van onze cultuur. In onze denkwereld is een vrouw zonder man minder waard dan niets. Niet alleen zijzelf wordt geminacht en veroordeeld tot een leven als paria, de vernedering en schande treffen haar hele familie. Een ongetrouwd meisje is slecht opgevoed, niet deugdzaam of erger. Er móét een 'mysterieuze' reden zijn dat niemand haar ten huwelijk vraagt, en de hele familie lijdt gezichtsverlies. Uiteindelijk verliest ze alle aanzien, alle respect, en het duurt niet lang voordat de mensen zich van haar afwenden als ze voorbijkomt en haar ervan beschuldigen dat ze zich prostitueert. Daarom moeten de meisjes worden uitgehuwelijkt, en wel zo snel mogelijk, als ze veertien, twaalf of elf zijn. Als ze achttien zijn, is het te laat en worden ze al beschouwd als oude vrijsters.

Voor een jongen is het uiteraard anders. Het is niet erg als hij dertig jaar wacht voordat hij trouwt. Hij mag zich uitleven, doen wat hij wil, zelfs relaties hebben met andere meisjes. Het is altijd het meisje dat als schuldige wordt aangewezen.

Iedereen in huis praat hard en lacht. Alsof ze opgelucht zijn dat ze mijn lotsbestemming hebben uitgestippeld! Ik voel me verraden, verlaten door deze vrouwen. Ze zouden me moeten begrijpen, mijn bondgenoten moeten zijn. Tenslotte zijn ook zij uitgehuwelijkt aan een volslagen onbekende. Ze weten precies hoe ik me voel.

En toch dwingen ze mij, hun dochters en hun nichten, klakkeloos de regels te volgen die hun eigen onmacht alleen maar bevestigen.

Ik kijk naar de vrouwen die me omringen en in hun glimlach zie ik een sadistisch genoegen. Ze weten heel goed dat ze me veroordelen tot een leven zonder liefde, zonder plezier, zonder vrijheid, en ze doen niets om het te verhinderen.

4

Mijn verwoeste jeugd

Als ik de avond daarop thuiskom is hij er, in de woonkamer. Groot, gekleed in een te klein pak en op zijn gemak alsof hij altijd hier heeft gewoond.

Hij komt een officieel aanzoek doen, met zijn armen vol cadeaus voor mijn moeder, mijn zuster en mij. Ik doe of ik hem niet zie en loop rechtstreeks naar mijn kamer, maar ik hoor ieder geluid, ieder woord. Ik hoor hem met suikerzoete stem aan mijn moeder beloven dat hij hier zal komen wonen, zodat zij niet wordt gescheiden van haar dochter. 'Ik zal een zoon voor u zijn.' Ik kan het niet zien, maar ik voel bijna hoe mijn moeder gloeit van vreugde. En daar is het gelach weer, de vreugdekreten, de zoetigheden, de thee en het feest met de buren.

Het is voorbij, de val is dichtgeslagen.

Ik zie het feit dat mijn dromen uiteen zijn gespat als een groot onrecht. De bruiloft is vastgesteld op 15 november 1960, over vijf maanden. Het voelt alsof ik nog maar vijf maanden te leven heb. In een poging me te paaien, geeft mijn moeder me toestemming te blijven werken in afwachting van de bruiloft. Ze vertelt me ook dat mijn aanstaande haar heeft beloofd dat ik mag blijven werken als we getrouwd zijn. Een schrale troost.

Omar Moussaoui komt iedere dag langs. Hij weet dat ik hem in de gaten houd, maar past goed op dat hij het woord niet rechtstreeks tot mij richt. Vaak neemt hij cadeautjes mee, een rok, een bloes, die hij op tafel legt. Ik wacht tot hij weg is voor ik ze ga halen, als een wild dier dat wordt getemd.

's Avonds gaat hij mee op onze vaste wandeling na het eten. Ook dan houdt hij afstand en laat hij mijn moeder en mijn zuster tussen ons lopen. Mijn familie is onder de indruk van deze goedgemanierde reus. De ene keer draagt hij gedichten voor, de andere keer plukt hij bloemen voor ieder van ons. En als hij nu eens een galante heer blijkt te zijn?

Ik weet niet goed wat liefde is, want ik ben nog nooit verliefd geweest. Ik houd mezelf voor dat het respect dat hij me toont misschien wel voldoende is.

Naarmate de tijd verstrijkt ontdooi ik beetje bij beetje. Ik heb ook geen keus.

In oktober, een maand voor de bruiloft, krijg ik een baan als linnenjuffrouw op een kostschool. Ik ben er trots op dat ik een plaats heb in de maatschappij, dat ik me nuttig kan maken. Het helpt me mijn gedachten te verzetten, voorkomt dat ik te veel denk aan de naderende ceremonie.

Voor de bruiloft kies ik een witte jurk in 'westerse' stijl, en niet het traditionele Berberse gewaad waarin alle meisjes uit de buurt geacht worden te trouwen. Die jurk is zowel een kleinemeisjesdroom als mijn laatste teken van rebellie tegen de oude gewoonten. Een manier om tegen mijn hele familie en deze man te zeggen: 'Oké, jullie hebben gewonnen. Ik zal trouwen, maar jullie kunnen mijn onafhankelijke geest niet breken.'

Tot mijn grote verrassing accepteren mijn moeder en mijn aanstaande deze afwijking van de traditie zonder discussie.

Deze kleine overwinning kan mij tijdens de bruiloft niet opvrolijken. Het feest duurt drie dagen, maar dat is niet voldoende om mij een glimlach te ontlokken. Integendeel, hoe meer vreugdekreten mijn moeder en mijn tantes slaken, hoe meer mijn ogen zich vullen met tranen, alsof het mijn begrafenis is die ze vieren. Mijn vriendinnen proberen me op hun manier gerust te stellen: 'Laat ze maar, je trouwt eerst en dan loop je weg.'

Het is twee uur 's ochtends. De laatste gasten vertrekken. Mijn moeder vergezelt me tot aan de deur van mijn slaapkamer. Ik ga in bed liggen wachten op mijn man. Ik ben gespannen en bang. Ik weet dat we gaan vrijen, maar eigenlijk heb ik geen idee hoe dat gaat. Ik probeer het me voor te stellen en uit de flarden van gesprekken die ik links en rechts heb opgevangen, een scenario te reconstrueren: hij zal bij me naar binnen gaan, een paar seconden daar blijven en dan kunnen we gaan slapen. Het enige wat mijn moeder me heeft verteld, is dat het 'de eerste keer veel pijn doet', maar dat je niet mag weigeren, anders maak je je familie te schande. Ik zie op tegen de komst van deze reus die nu mijn man is.

Natuurlijk ben ik niet naakt. Ik heb de traditionele *sarouel* aan, de tuniek die mijn naaktheid verbergt, en naderhand, als hij bevlekt is met bloed, als bewijs zal dienen dat ik maagd was.

Ik hoor Omar naderen. Mijn hart klopt in mijn keel. Hij opent de deur en gaat op het bed zitten. 'Maak je geen zorgen,' zegt hij zachtjes, 'alles zal goed gaan.' Hij kleedt zich uit en gaat op me liggen. Ik ben verlamd van angst. Hoe kon mijn moeder instemmen met iets wat alleen maar verkrachting genoemd kan worden? Ik sluit mijn ogen.

En dan is het zover: ik ben een vrouw. Zodra hij het bewijs

heeft dat ik nog maagd ben, stopt Omar en trekt hij zich terug.

De volgende ochtend komt mijn moeder de witte sarouel halen, waar nu een bloedvlek op zit, om hem aan mijn broer, het gezinshoofd, te geven, zoals de traditie voorschrijft. Terwijl ze het besmeurde linnen gewaad pakt kijkt ze me trots aan en feliciteert ze me: ik heb de familie niet te schande gemaakt. Dat is het enige wat telt, mijn pijn is niet van belang.

Gedurende de eerste drie maanden brengt mijn leven als getrouwde vrouw weinig veranderingen met zich mee. Ik werk iedere dag op de kostschool.

We wonen nu in een klein appartement in de wijk en ieder weekend ga ik bij mijn moeder langs. Op een avond in januari ben ik in gedachten verzonken – ik houd mezelf voor dat dit leven me misschien niet de kans geeft me te ontplooien, maar dat het in ieder geval niet moeilijk te verdragen is – als Omar bruusk de deur opent. Hij is niet in zijn normale doen.

'Nu is het genoeg. Ik heb tegen de directeur van de kostschool gezegd dat je stopt met werken. Vanaf nu blijf je thuis,' kondigt hij bars aan.

'Maar je hebt beloofd dat ik ermee door mocht gaan!'

'Ik doe wat ik wil. Een vrouw mag niet werken, dat hoort niet. Punt uit.'

Ik ren naar mijn moeder en vraag haar Omar te dwingen zich aan zijn belofte te houden, maar het is vergeefse moeite: 'Als hij niet wil dat je werkt, heb je niets in te brengen.' Altijd datzelfde fatalisme, diezelfde berusting, diezelfde onderwerping aan de wil van de man.

Ik breng mijn dagen in huis door, terwijl de tijd traag voorbij glijdt. Omar is veranderd. Hij is niet meer de voorkomende man die hij was toen hij me het hof maakte, en toont nu zijn ware gezicht. Hij komt laat thuis, gaat vaak de deur uit zonder me te vertellen waar hij heen gaat, en zegt bijna nooit iets tegen me, behalve als hij me iets te verwijten heeft: hij vindt me te onafhankelijk of hij vindt me een slechte kok of ik geef hem niet genoeg aandacht. Er is altijd wel iets waarvan hij me de schuld kan geven. Ik begin bang voor hem te worden.

Al snel bevestigt een vreemd bezoek mijn vrees. Op een avond, als ik bij mijn moeder ben, klopt een vrouw aan. Ze wil ons iets vertellen over mijn man: hij is niet wie hij zegt te zijn. De vrouw beweert dat ze de ex-schoonmoeder van Omar is. Om dat te bewijzen heeft ze haar zesjarige kleindochter meegenomen die hij heeft verstoten. Ze vertelt ons dat Omar al drie keer getrouwd is geweest in andere steden. Bovendien heeft hij in de gevangenis gezeten omdat hij de oogkas van zijn vrouw heeft gebroken toen hij haar met een stoel sloeg, en is hij nu voorwaardelijk vrij!

Ik begin over mijn hele lichaam te trillen. Wie is deze man aan wie ze mij hebben geschonken?

Mijn moeder is geschokt door het nieuws, maar ik verdenk haar ervan dat ze zich meer zorgen maakt over het eerverlies dat de familie boven het hoofd hangt, dan over mijn lot. Als de anderen dit te weten komen zouden ze haar kunnen verwijten dat ze te lichtvaardig heeft besloten om me aan deze man te geven. Iedereen raadt me aan er niet over te praten. Ik begrijp dat ik niet op de hulp van anderen hoef te rekenen als ik mijn man met dit verhaal confronteer.

Diezelfde avond begin ik erover. Hij wordt nerveus, begint te schreeuwen, wil weten wie ons dat heeft verteld. Uiteraard ontkent hij alles. De enige reactie is dat hij de volgende dag aankondigt dat we naar Rabat verhuizen, waar hij naar zijn zeggen werk heeft gevonden. Het lijdt geen enkele twijfel dat hij met deze verhuizing naar een stad op 250 kilometer afstand van Azrou vooral mijn familie wil ontlopen. Hoe is hij er toch in geslaagd mijn moeder over te halen mij aan hem te schenken?

In zijn slecht gesneden pak heeft hij haar allerlei mooie beloften gedaan: hij zou me als een prinses behandelen, ik zou mogen blijven werken en bij haar mogen blijven wonen terwijl hij een fatsoenlijk appartement zocht. Inmiddels is duidelijk dat die beloften niets waard waren.

Ik ben nog maar veertien jaar. Ik ben nog een kind, maar ik heb het gevoel dat mijn laatste beetje vrijheid me wordt ontnomen en dat deze man niets dan ellende zal brengen.

5

Slaaf van mijn man

In Rabat huren we een klein kamertje in huis bij particulieren. En dan begint de nachtmerrie. Op een avond, terwijl ik op mijn knieën bezig ben het huis schoon te maken, voel ik dat hij naar me kijkt. Hij heeft een blik in de ogen die ik nog niet eerder heb gezien: hard, indringend, vol haat. Enkele lange seconden staart hij me aan en dan slaat hij plotseling zijn handen om mijn keel.

'Weet je nog dat je tegen je vriendin zei dat je niet met me wilde trouwen? Nou, zoals je ziet ben je nu van mij... Je doet alles wat ik zeg!' schreeuwt hij me toe met een kwaadaardige glimlach. Daarna geeft hij me een klap in het gezicht.

Het is de eerste keer dat hij me slaat. Ik ben verdoofd door deze uitbarsting van geweld. Het lijkt wel of de duivel in hem is gevaren. De waanzin die ik in zijn ogen zie maakt me doodsbang.

Ik ben zo beduusd dat ik mijn dweil weer vastpak en trillend verder ga met mijn werk. Ik probeer mezelf ervan te overtuigen dat het maar een incident was, een vlaag van woede die eenmalig is.

Helaas is dit slechts het begin van het geweld. We zijn nog maar vier maanden getrouwd.

Al snel grijpt hij ieder voorwendsel aan om me te lijf te gaan en me te slaan: de kwaliteit van de maaltijd, mijn ongehoorzaamheid, het geldgebrek of gewoon de behoefte om zich op iemand af te reageren. Hij slaat me steeds vaker en steeds harder.

Op een avond geeft hij me zo'n harde klap dat ik bijna levenloos op de grond blijf liggen. Ik stel me voor hoe hij daar staat met zijn blik vol vuur, tevreden dat hij me klein heeft gekregen. Wat hij niet weet is dat ik op dat moment, nog duizelig van de klap, het lichaam bedekt met blauwe plekken en tranen, zweer dat ik hem nooit datgene van me zal laten afpakken wat mij het dierbaarst is: mijn vrijheid.

Ik besef dat hij een zondebok en een slaaf zoekt, iemand die de ogen voor hem neerslaat, die zich voegt naar alles wat hij zegt en al zijn wensen inwilligt. Maar waarom zou ik me aan hem onderwerpen? Ik ben opgevoed met het idee dat een echtgenote een goede huishoudster moet zijn, maar dat zij in ruil daarvoor het respect van haar man verdient, niet zijn minachting en beledigingen. Voor Omar moet er weinig verschil zijn tussen een echtgenote en een huisdier. Maar waarom zou een vrouw minder waard zijn dan een man? Hij kan me beletten te werken, hij kan me vernederen en slaan, maar hij kan mij nooit mijn waardigheid ontnemen.

Met mijn 1 meter 55 en 40 kilo heb ik niets tegen hem in te brengen. Mijn lichaam is van top tot teen bedekt met de sporen van het geweld. Hij slaat me nu zo vaak dat sommigen in de wijk zich zorgen over me beginnen te maken: 'Luister, hier wonen fatsoenlijke mensen,' zegt de man die in de kamer naast ons woont. 'We willen niet dat je Aïcha slaat. Als je zo doorgaat sla je haar nog eens dood.' Het is duidelijk dat deze verwijten indruk maken op Omar en hij trekt er meteen een les uit: vanaf dat moment sluit hij me op in het appartement nadat hij me heeft geslagen, tot de sporen verdwenen zijn.

Het enige pleziertje dat ik heb, zijn de momenten in de hamam.

In onze cultuur is de hamam niet alleen noodzakelijk voor onze hygiëne, het is ook een veilige haven voor vrouwen, waar ze een paar uur het juk van de cultuur die hun een eigen identiteit ontzegt, van zich af kunnen leggen. De hamam lijkt in niets op het beeld dat sommige westerlingen ervan hebben. Er hangt geen geur van erotiek, alleen maar die van zweet, thee en massage-oliën.

Ik ga altijd naar een kleine hamam vlak naast ons huis. Op een dag, ongeveer vijf maanden na onze bruiloft, voel ik de strakke blik op mij van een vrouw die ik niet ken. Wat wil ze van me? Ze komt naar me toe en roept met een brede glimlach: 'Gefeliciteerd!'

Gefeliciteerd waarmee? denk ik. Waar heeft ze het over?

Ze ziet aan mijn vragende blik dat ik niet weet waar ze het over heeft. 'Nou, je bent zwanger. Dus, gefeliciteerd '

Zwanger? Ik kijk naar mijn buik die al enkele maanden steeds dikker wordt. Het lijkt me onmogelijk, ik voel me nog niet eens vrouw, ik ben zelf nog niet eens volgroeid.

Gehaast pak ik mijn spullen bij elkaar en ren naar de dokter. Hij bevestigt dat ik bijna drie maanden zwanger ben.

Omar is blij met het nieuws. Niet omdat hij vader is, maar het geeft hem een kwaadaardig gevoel van voldoening: 'Ha! Nu ben je van mij, je kunt nu niet meer bij me weg!'

Ondanks mijn toestand blijft het klappen regenen. Ik werk niet en hij gaat steeds vaker de deur uit. Binnen enkele maanden heeft hij al mijn bezittingen verkocht, mijn meubels, mijn sieraden, mijn bruidskist en zelfs een paar van mijn kleren. Wat doet hij met het geld? Ik wil het liever niet weten. Ik leef nu in grote armoede. Meestal kan ik me zelfs niet meer dan één maaltijd per dag veroorloven. Omdat ik geen geld heb om een zwangerschapsjurk te kopen, moet ik er een maken van een bruidssluier.

In mijn buik volhardt het leven. Maar hoe lang nog? Geschokt over de mishandelingen dreigen de huiseigenaren uiteindelijk de politie te waarschuwen en dwingen ze Omar mij terug te brengen naar mijn familie, die naar Casablanca is verhuisd.

Als ik bij mijn moeder aankom ben ik nog magerder dan toen ik vertrok. Ondanks mijn zwangerschap weeg ik nauwelijks achtendertig kilo. Mijn hele familie schrikt van hoe ik eruitzie.

'Heb je gezien wat er van mijn dochter is geworden? Toen ik haar aan jou gaf was ze in orde en nu breng je haar mager als een skelet terug,' zegt mijn moeder verwijtend.

Maar hij laat zich niet uit het veld slaan: 'Ze is mijn vrouw, ik doe met haar wat ik wil.'

' Je hebt hoe dan ook niet de middelen om voor haar te zorgen. Ik zal haar onder mijn hoede nemen, zodat ze onder goede omstandigheden kan bevallen.'

'Best, maar daarna blijft ze bij mij. Anders krijgt u haar met de voeten naar voren terug!' schreeuwt hij voordat hij de deur dichtslaat.

Drie maanden later, in juli 1961, beval ik in het ziekenhuis van een dochter. Ik noem haar Nadia. Omar is er niet. Hij heeft al lang geleden de gewoonte opgepakt om zonder bericht te verdwijnen.

De aanwezigheid van mijn familie stelt me gerust. Nu ze hebben gezien waar Omar toe in staat is, ben ik ervan overtuigd dat ze me niet zullen dwingen naar hem terug te gaan.

En weer vergis ik me. 'Je bent zijn vrouw, je moet met hem mee,' legt mijn moeder zakelijk uit, zonder te proberen me te begrijpen of me te troosten. Achter die absurde façade van de gewoonten verbergt zich de angst dat de hele familie gebukt zal gaan onder de schande. Als ze mij van mijn man zou afpakken, zou dat gelijkstaan aan een openlijke bekentenis dat ze te lichtvaardig is geweest toen ze me aan hem weggaf. Dus keer ik terug naar de hel, met mijn dochtertje in mijn armen.

Drie maanden later, als Omar geen werk meer heeft, keren we terug naar Azrou, mijn geboortedorp. Ik ben alweer zwanger. Ondanks de klappen, ondanks de vermoeidheid en de ondervoeding, ontpop ik me tot een moeder voor mijn baby. Ik vecht niet meer alleen voor mezelf, maar ook voor haar. Het is mijn plicht haar geen slachtoffer te laten worden van het geweld en de verwaarlozing.

Als Nadia zeven maanden is wordt ze ziek. Het is een ernstige maag-darmontsteking en we hebben geen geld voor medicijnen. De theeën en aftreksels van de grootmoeders uit de wijk helpen niet. Bij gebrek aan de juiste behandeling verergert haar toestand. Omar blijft er volkomen onverschillig onder: 'Ga dan gewoon naar het ziekenhuis,' zegt hij. Maar het ziekenhuis is twee kilometer verderop en we hebben geen auto. Uiteindelijk leg ik de route te voet alleen af, met Nadia in mijn armen. Ze hijgt en voelt slap als een lappenpop.

Als ik eindelijk bij het ziekenhuis ben, ziet ze lijkbleek en is haar pols heel zwak. De verpleegsters buigen zich over haar bed. Plotseling worden de artsen onrustig: 'Ze haalt het niet,' zegt een van hen. Huilend kom ik dichterbij en leg ik mijn meisje tegen mijn borst. Om vier uur 's ochtends sterft ze in mijn armen.

Ik wikkel haar voorzichtig in een doek, druk haar nog tegen me aan en loop dezelfde route terug, in tranen, haar in mijn armen klemmend alsof mijn warmte haar weer tot leven kan wekken.

Als ik thuiskom ligt Omar nog in bed, ongetwijfeld slaapt hij zijn roes uit van de wijn van de vorige avond. Ik ben alleen met mijn verdriet. In mijn armen draag ik het levenloze lichaam van mijn dochter en in mijn buik een foetus van drie maanden. Voor mijn nieuwe baby moet ik de weinige krachten die me resten verzamelen.

Ik denk dat mijn leven rustiger zal worden, maar het lot heeft duidelijk anders beschikt.

Na de dood van Nadia kan ik het zelfs niet meer opbrengen te doen alsof ik de toenaderingen van Omar beantwoord. Hij begrijpt er niets van en scheldt me uit voor 'stomme trut', 'rotwijf', alles wat in zijn hoofd opkomt.

Op een avond is slaan niet meer genoeg om hem tot bedaren te brengen. Hij werpt zich op mij en neemt me met geweld. Ik heb geen energie meer om me te verzetten. Het enige wat ik kan doen is hem mijn minachting tonen. Maar dat maakt hem nog agressiever en windt hem nog meer op. Terwijl hij me verkracht kijkt hij me met een dreigende blik aan en roept: 'Je bent van mij, ik doe met je wat ik wil!'

Mijn tweede zwangerschap verloopt niet goed. In de zevende maand beval ik van een jongetje. We noemen hem Abd-Hamid. Zoals de traditie voorschrijft houden we op de zevende dag het geboortefeest en wikkelen we hem in de huid van een schaap dat voor de gelegenheid is geslacht. Enkele uren later gaat zijn gezondheid sterk achteruit. Hij is spierwit en zijn lippen zijn zwart. Hij heeft zelfs geen kracht meer om te drinken. Deze keer wacht ik niet af: onze buren brengen mij en mijn kind naar het ziekenhuis. Omar is er niet. Hij lijkt zich niet te bekommeren om de tragedies die ons gezin treffen.

Abd-Hamid sterft 's nachts aan bloedvergiftiging.

Ik had me geen moment afgevraagd of deze traditie gevaarlijk kon zijn voor mijn zoon. Ik zal de waarheid nooit weten, maar ik leef met dat schuldgevoel diep vanbinnen.

Voor de tweede keer binnen vier maanden keer ik naar huis terug met het levenloze lichaam van mijn kind in de armen.

Ik stort in en begin onbedaarlijk te huilen. Welke vloek heeft mij getroffen? Ik ben nog maar net zestien en mijn twee kinderen zijn gestorven. Ik ben getrouwd met een agressieve man van wie ik niet houd en die voor mij minder waard is dan een hond. Is dit het leven? Ik begrijp nu dat ik in mijn eentje zal moeten vechten om wat kruimels geluk te verzamelen.

Omar heeft besloten alleen nog te werken als hij er zin in heeft. Hij brengt de dagen door in het koffiehuis. Maar hij moet ook eten. Dus beveelt hij me naaiwerk te zoeken, ondanks mijn extreme zwakte na twee snel op elkaar volgende zwangerschappen. Ik heb niet eens de kracht om blij te zijn dat ik weer aan het werk kan. Dit is niet de stap in de richting van onafhankelijkheid waar ik van droomde, maar het is de enige manier om te overleven.

Ik denk terug aan de vrouwen uit mijn jeugd, die bij een man bleven van wie ze niet hielden. Nog niet zo lang geleden bespotte ik ze, ervan overtuigd dat voor mij een heel ander leven was weggelegd, dat ik zoiets nooit zou accepteren. En nu vergaat het mij nog slechter dan die vrouwen, voel ik me nog ellendiger dan zij. Toch kan ik me niet voorstellen dat ik nooit iets te zeggen zal hebben over mijn leven, dat ik een ander leven moet leiden dan ik wil. Maar ik zie geen enkele mogelijkheid om uit deze doolhof te ontsnappen. Alle uitgangen zijn geblokkeerd. Ik heb de wil niet meer om me tegen mijn lot te verzetten.

Anderhalf jaar later, in juni 1963, beval ik opnieuw van een dochter. Ik noem haar Nadia, net als de eerste. Niet vanuit een morbide gedachte, integendeel: ik denk dat het mijn verdriet zal verzachten. Bovendien is het een wat naïeve manier om het lot te bespelen, opnieuw te beginnen, alsof ik een valse start heb gemaakt.

Ik voel meteen dat Nadia gezond en vitaal is. Haar glimlach vervult me van geluk en zorgt ervoor dat ik Omar en zijn geweld vergeet. Maar ik moet bij mijn familie om voedsel bedelen. Het zogen put me uit en ik voel dat ik steeds zwakker word. Anderhalf jaar later ben ik weer zwanger. Deze keer word ik letterlijk ontvoerd door mijn oom Haman. Hij is gewaarschuwd door zijn vrouw, die me regelmatig eten brengt. Omar moet toestaan dat ik mijn zwangerschap volbreng bij mijn moeder, die mijn broer is gevolgd naar zijn nieuwe woonplaats in de buurt van Marrakech.

Daar baar ik een kind, met alleen de hulp van mijn moeder en mijn broer, die op een afstandje blijft. Uiteraard is Omar er niet om te helpen bij de geboorte van deze tweede dochter, Jamila. Om eerlijk te zijn ben ik beter af zonder hem dan met hem. Wie weet waartoe hij in staat zou zijn? Als hij naast me had gestaan op dat moment wanneer pijn, spanning en emotie zich samenballen, zou ik bang en gestrest zijn geweest en misschien had dat mijn dochter in gevaar gebracht.

Omar duikt zeven dagen later op voor hget geboortefeest. Hij heeft een nieuwtje: hij gaat naar Frankrijk, waar hij werk heeft gevonden in de bouw. Hij heeft zelfs zijn paspoort al en vertrekt over enkele dagen. Ik kan het niet geloven. Het is bijna een wonder, een zegen. Eindelijk zal ik bevrijd zijn van mijn man zonder dat mijn familie te schande wordt gemaakt. Ik krijg de kans weer op krachten te komen, ver van zijn geweld en de dagelijkse vernederingen, en me op mijn twee dochters te richten.

Vreemd genoeg schenkt Omar me meer aandacht nu hij alleen in Frankrijk is dan toen we samen waren. Vijftien dagen na zijn vertrek stuurt hij me een eerste postwissel. Ik had nooit gedacht dat hij op enigerlei wijze aan me zou denken, laat staan me geld geven.

De hoop keert terug. Als Omar in Frankrijk blijft, krijg ik misschien eindelijk de rust waar ik zo'n behoefte aan heb.

Ook nu weer is de droom van korte duur. Minder dan een maand na zijn vertrek belt hij mijn broer met het verzoek mijn komst naar Frankrijk te regelen. Het geld dat hij naar me stuurt is bedoeld om de bootreis te betalen, niet om te voorzien in mijn levensonderhoud.

Ik word doodsbang bij het idee weer bij hem te zijn. Ik wil niet terug naar die hel. Zeker niet met zulke jonge kinderen. Bovendien zou ik in Frankrijk alleen zijn, ver van iedereen, zonder toevluchtsoord. Maar de hele familie praat op me in om me over te halen. 'Je zult zien, in Frankrijk is de mentaliteit anders. Het leven is er goed, bovendien verdient hij daar geld.'

Ze zetten me onder druk. Ik heb het vermoeden dat mijn welzijn ze volkomen koud laat, dat ze mijn vertrek als een investering zien; vanuit Frankrijk kan ik ze geld sturen, denken ze. Ik wil niet vertrekken, maar ik heb geen keus. Hier leef ik op kosten van mijn familie, ik kan geen kant op, dus ik moet hun gehoorzamen. Gelukkig duurt het nog enkele weken voordat ik een paspoort heb.

Ik moet al mijn spullen verkopen. Diep vanbinnen weet ik dat ik nooit meer in Marokko zal wonen. En ook al ga ik niet graag terug naar Omar, ik weet dat mijn leven in Frankrijk niet slechter kan zijn dan hier. Ik verzamel mijn schamele bezittingen en ga naar mijn broer in Meknès. In die grote stad kan ik er zeker een betere prijs voor krijgen dan in mijn dorp, waar iedereen op de hoogte is van mijn situatie.

Als ik bij mijn broer aankom staat zijn vrouw op het punt te bevallen en mijn hulp bij de voorbereidingen van het geboortefeest is zeer welkom. Maar ik vind het moeilijk om te delen in de vreugde. Ik voel me onthecht van alles wat me omringt, als een veroordeelde met uitstel van executie.

Tijdens de feestelijkheden blijf ik in een hoekje zitten, mijn twee dochtertjes aan mijn zijde. Ik bekijk de mensen om me heen alsof ik er niet bij hoor. Langzamerhand kruipt een vreemd gevoel van onbehagen omhoog. Ik heb het gevoel dat de mensen over mij praten. Ik spits mijn oren en vang een verontrustend gesprek op. Het is duidelijk dat er plannen worden beraamd en mij wordt duidelijk dat me iets afschuwelijks te wachten staat: mijn eigen broer is van plan me bij zich te houden als dienstmeisje, in ruil voor onderdak en levensonderhoud.

Het is een klap in mijn gezicht. Nog maar net bevrijd uit de gevangenis van het huwelijk, word ik bestempeld tot eenvoudig dienstmeisje, en dan nog wel door mijn eigen familie. Ik voel me vernederd. Is dat hoe mijn broer me ziet: een slaaf over wie hij naar believen kan beschikken?

Die nacht huil ik aan één stuk door. Ik heb geen keus. Ik moet vertrekken en het beetje energie dat me rest verzamelen in de hoop dat Frankrijk mijn redding zal zijn.

De volgende ochtend neem ik om vijf uur de bus met mijn twee dochters, een paar bezittingen en een naaimachine, die ik niet heb verkocht. Ik ben op weg naar Azrou, naar het huis waar ik ben opgegroeid, naar mijn oom, de enige die me altijd heeft begrepen en gerespecteerd. Als ik hem in de armen val, stromen de tranen over mijn wangen. Hij raadt me aan enkele dagen te blijven.

Ik heb geen rooie cent meer en besluit de naaimachine te verkopen. Het is een groot verlies want de naaimachine was niet alleen een middel om mijn brood te verdienen, maar ook het enige bezit dat me kon helpen mijn droom van onafhankelijkheid te verwezenlijken.

In de herfst van 1965 neem ik met mijn paspoort in mijn zak, mijn twee kinderen op de arm en een kleine tas als enige bagage, de trein naar Irún, in Baskenland. Ik ben negentien, heb al vier zwangerschappen achter de rug en ik ga naar een man die me slaat en van wie ik niet houd. Ik weet niet eens of hij op het station zal zijn om ons op te halen. Ik ken de toekomst niet waar de trein mij naartoe brengt. Ik weet alleen dat hij me ver wegvoert van een verleden dat me niets dan leed en ongeluk heeft gebracht.

Misschien is Frankrijk het land van een nieuw begin. Ik kijk niet achterom en denk alleen maar aan het leven dat we moeten opbouwen.

6

Frankrijk: de hel in het paradijs

De eerste maanden in Frankrijk verlopen goed, beter zelfs dan ik
had gehoopt. Nadat we enkele weken hebben doorgebracht in
een kleine gemeubileerde kamer in Irún, vinden we met hulp
van vrienden een klein huisje in Hendaye.

Als ik het voor het eerst zie, durf ik het bijna niet te geloven:
een echt huis, van steen, met twee slaapkamers, een woonkamer,
een grote keuken en een kleine tuin. Onmogelijk, dit huis kan
niet voor ons bedoeld zijn, zeg ik tegen mezelf terwijl ik mijn
ogen uit kijk. Ik ben nog maar net aangekomen en Frankrijk lijkt
me al te willen vertroetelen. Het is te mooi. Ik kan het niet geloven. De eigenaar zal dit nooit aan twee immigranten willen ver-
huren. Maar Monsieur Sánchez accepteert ons niet alleen, hij
biedt ons ook spullen aan om de kinderkamer mee in te richten
en leent ons alles wat we nodig hebben om ons te installeren! Ik
moet mezelf knijpen om me ervan te vergewissen dat ik niet
droom. Deze man, die we nauwelijks kennen, wil ons van harte
en met alle middelen die hij heeft, helpen met onze, in zijn woorden, 'nieuwe start'. Ik krijg er tranen van in mijn ogen.

Mijn familie had me gewaarschuwd voor het racisme en de ver-
dorvenheid in Frankrijk. Maar dat waren duidelijk verzinsels,

geboren uit onwetendheid en jaloezie. Ik tref hier niets anders aan dan respect, broederschap en tolerantie. Ik wist niet dat zo veel vriendelijkheid tussen mensen mogelijk was. Met enige ironie zeg ik tegen mezelf dat hier alles 'normaal' is: mannen en vrouwen praten met elkaar en hebben respect voor elkaar, mannen schijnen hun vrouw niet te slaan en iedereen lijkt vrij te zijn om het leven te leiden dat hij wil, zonder de angst te worden beoordeeld door zijn naasten. Dit is het beloofde land! Hoe zou je een land anders moeten noemen waar vrijheid en respect voor het individu heersen?

Voor het eerst heb ik het gevoel dat ik mensen om me heen heb die me begrijpen, me accepteren zoals ik ben. Niemand veroordeelt me uit naam van de een of andere traditie of uit angst over wat anderen zullen zeggen.

Het leven in onze wijk is een en al heerlijkheid. Omringd door de vriendschap van onze buren lijkt Omar zijn kwelgeesten te hebben uitgebannen. Hij is voorkomend en liefdevol, net als vóór ons huwelijk. Bij aankomst spreek ik zeer gebrekkig Frans; drie maanden later kan ik me zonder problemen verstaanbaar maken. Bovendien heb ik door de lange gesprekken met onze buren, Monsieur en Madame Sánchez, ook in enkele weken een beetje Spaans geleerd!

Op een avond staat Nicole, een van onze buren, voor de deur. Ze is een elegante Baskische, die respect afdwingt met haar bril en haar opgestoken blonde haar.

'Zo, meisje, gaan jullie niet naar het feest van Bayonne?'

Ik heb geen idee waar ze het over heeft. Om me niet te laten kennen, antwoord ik dat ik op de kinderen moet passen en niet weg kan.

'Geen probleem! Ik pas wel op ze,' antwoordt ze op een toon

die geen tegenspraak duldt. 'Jullie zijn nog jong, jullie moeten plezier maken.'

Het is niet zomaar een vrijblijvend voorstel. Als echte Baskische matrone zou ze het ons niet in dank afnemen als we zouden weigeren. Dus daar staan we dan, Omar en ik, in het centrum, omgeven door mensen die ons meevoeren in dans en gezang. Tot mijn verrassing hoor ik mezelf zelfs meezingen met het lied 'Allez-y, poussez-poussez les enfants de Bayonne', terwijl Omar glimlachend zijn arm om mijn middel legt.

Het is nog mooier dan in mijn dromen. Dit nieuwe leven is de bevrijding waarop ik zo lang heb gewacht. Voor het eerst heb ik het gevoel dat ik thuis ben.

In Marokko had ik gebrek aan alles. Hier geven onze buren kleding voor de kinderen en laten ze regelmatig groenten voor ons achter in het trapportaal. We ruilen kleine gerechtjes, tajine tegen paella en *confit de canard*. Maar het kostbaarste wat de buren ons geven, is hun vriendschap. We hebben ons paradijs gevonden.

Wat zal het heerlijk zijn om mijn kinderen hier te laten opgroeien, hun de kans te geven in een vrij land te leven, waar respect en broederschap gemeengoed zijn!

Ik ben er trots op Marokkaans te zijn, maar op dit moment heb ik het gevoel dat ik Frankrijk nooit dankbaar genoeg kan zijn voor het feit dat het land me een uitweg heeft geboden uit de onderdrukking waartoe vernederende tradities en gewoonten me hadden veroordeeld.

Ook Omar is anders: misschien is hij er trots op dat hij in zekere zin succesvol is. Hij gaat van de ene bouwplaats naar de andere en voor het eerst sinds we getrouwd zijn, eet ik iedere dag mijn buikje rond. Het geweld, de ruzies liggen achter ons. Mijn visioen van een gelukkig en menswaardig bestaan begint werkelijkheid te worden. Misschien hoefden we alleen maar te ontsnappen aan de invloed van onze omgeving om ons heen om een soort evenwicht te vinden.

Ik ben zeven maanden zwanger als de droom weer in een nachtmerrie verandert. Op een ochtend in december in 1967 gaat Omar de deur uit om sigaretten te halen. Hij blijft uren weg. Ik ben erg ongerust want dit past niet bij onze nieuwe levensstijl. Ik durf de buren niet te bellen want diep vanbinnen voel ik dat dit een keerpunt is, dat Omar weer in de greep is van zijn kwelgeesten en dat alles opnieuw begint.

Tegen middernacht komt hij stomdronken thuis. Het is gedaan met de rust.

Vanaf die dag slaat hij me weer om het minste of geringste. Ik moet binnenkort bevallen, maar dat weerhoudt hem er niet van mij overal te slaan waar hij me raken kan. De ijskast raakt leeg en wordt niet meer gevuld: zijn volledige loon gaat op aan zijn nachtelijke uitstapjes. De ellende begint opnieuw.

Deze terugslag is onverdraaglijk. Ik weet nu dat een ander leven mogelijk is: ik hoef maar om me heen te kijken om dat te zien. De frustratie is nog groter omdat mijn droom me wordt ontnomen terwijl ik zo dicht bij mijn doel was. Maar deze keer liggen de zaken anders. Ik heb het geluk met een vinger aangeraakt en laat het niet zomaar wegglippen. Ik zal de kracht vinden om me te verweren, om mijn kinderen de kans te geven zich in dit land te ontplooien, ook al duurt het jaren. Ik weet dat op dit moment niets of niemand mij zover kan krijgen dat ik mijn droom opgeef.

Op nieuwjaarsdag krijg ik hevige weeën. Uiteraard is Omar er niet. Ik kan me niet bewegen en stuur Nadia naar de buren om hulp te halen. Op deze feestavond duurt het even voor de dokter er is en mijn vriendin moet assisteren bij het begin van de bevalling. Het is voor haar niet de eerste keer, maar ze raakt in paniek als ze ziet dat de navelstreng om de hals van de baby is gewikkeld. 'Nee, niet weer! Ik wil niet voor de derde keer een kind verliezen,' zeg ik uitgeput terwijl de tranen over mijn wangen stromen. Op dat moment komt de arts. Dertig minuten later heb ik mijn zoon Abd-Samad aan de borst.

Omar keert twee uur later terug, wanneer iedereen al vertrokken is. Hij komt naar me toe en vraagt of het een jongen is. 'Mooi,' verwaardigt hij zich te zeggen, voordat hij in slaap valt.

Onze relatie verslechtert snel. Omar gedraagt zich alsof hij geen gezin heeft en blijft soms dagen achtereen weg zonder iets van zich te laten horen.

Op enkele kleine 'zwarte' klusjes na werkt hij niet meer. We leven van de kinderbijslag en dat geld gaat grotendeels op aan zijn cafébezoek. 'Je zoekt het maar uit!' schreeuwt hij iedere keer als ik hem de lege ijskast laat zien.

We overleven dankzij de vrijgevigheid van onze buren, die ons regelmatig wat melk, groenten en eten voor de kinderen geven. In hun ogen zie ik genegenheid en medelijden, wat mij troost biedt, maar me ook een gevoel van schaamte bezorgt.

Omar ziet de solidariteit van mijn vrienden als een aantasting van zijn gezag. Hij wil niet dat iemand me tegen hem in bescherming neemt. Daarom besluit hij dat we dit hoekje van het paradijs moeten verlaten.

Het huis waar we intrekken is afgezonderd, vochtig en veel minder prettig, maar hier hoeft hij niet de blikken van anderen te verduren als hij terugkeert van zijn drinkgelagen of als hij me tot bloedens toe heeft geslagen.

Frankrijk: de hel in het paradijs

Opnieuw zoek ik naar een manier om uit deze hel te ontsnappen. Met drie kinderen, alleen een verblijfsvergunning en zonder werkvergunning lijken de hindernissen me echter onoverkomelijk. Bovendien kan ik nergens heen. Omar heeft altijd mijn paspoort bij zich, alsof ik zijn slaaf ben.

Op een avond is Omar gewelddadiger dan anders, Het is het einde van de maand en hij heeft waarschijnlijk niet genoeg geld meer voor zijn uitstapjes. Hij dreigt mij met kinderen en al terug te sturen naar Marokko en ik neem dat dreigement zeer serieus. De toon van het gesprek wordt steeds harder. Ik voel dat het uit de hand zal lopen en ik haast me de kinderen in hun kamer op te sluiten. Hij volgt me de gang in. Ik doe de deur dicht en op het moment dat ik me omdraai dalen de klappen op me neer. Hij slaat zo hard en zo lang dat ik het bewustzijn verlies. Als ik weer bijkom lig ik uitgestrekt in de gang, met de smaak van bloed in mijn mond.

Ik sta op en nadat ik me ervan heb verzekerd dat de kinderen nog slapen, kleed ik me uit in de badkamer. Ik schrik als ik mijn lichaam bekijk. Ik ben mager – ik weeg nauwelijks 38 kilo –, mijn gezicht is opgezwollen en mijn hele lichaam is bedekt met bloeduitstortingen. Ik begin te huilen. Ik weet zeker dat hij me op een dag zal vermoorden. Wat moet er dan worden van mijn drie kinderen? Wie beschermt ze tegen de agressie van hun vader? Twee dagen later ontdek ik dat ik zwanger ben.

7

Gered door een arts

Ik voel me een gevangene van het lot. Ik had gehoopt dat mijn kinderen de vrucht zouden zijn van liefde, niet dat ze zouden worden verwekt door een man die geen respect voor me heeft. God weet dat ik hun altijd de liefde heb geschonken die mij als vrouw werd ontzegd. Maar deze keer is het anders. Ik ben uitgeput, zowel geestelijk als fysiek. Ik heb het gevoel dat deze zwangerschap me fataal zal worden.

Mijn zwakke gesteldheid baart ook mijn dokter zorgen. Volgens hem wordt deze aaneenschakeling van zwangerschappen gevaarlijk voor me. Hij wijst me voorzichtig op een uitweg: 'U kunt niet zo door blijven gaan met kinderen baren. Weet u dat er anticonceptiemiddelen zijn?'

Ik had al horen praten over de pil, maar ik dacht dat die was voorbehouden aan een klein groepje rijke vrouwen. Hoe dan ook, ik kan dit onmogelijk zelf beslissen. 'Kunt u er met mijn man over praten?' vraag ik aan de dokter. 'Als ik het zelf doe, luistert hij toch niet.'

Ik heb mijn zin nauwelijks afgemaakt of Omar stormt binnen. Zijn antwoord laat niets aan duidelijkheid te wensen over: 'Ik ben degene die beslist. Als ik tien kinderen wil, dan kríjgt ze tien kinderen!'

De dokter is gealarmeerd. Hij begrijpt dat mijn man bezig is me langzaam te vermoorden. 'De volgende keer dat ik u zie, zou dat wel eens op het kerkhof kunnen zijn.' Hij gebiedt me de achtste maand van de zwangerschap in een ziekenhuis in Pau door te brengen, ver van Omar. 'En mijn kinderen dan?' zeg ik. 'Ik kan ze niet bij Omar achterlaten, hij zal ze aan hun lot overlaten.' Uiteindelijk regelt de dokter alles en krijgen mijn kinderen onderdak in een opvanghuis. Voor een moeder is het verschrikkelijk om van haar kinderen te zijn gescheiden, maar de wetenschap dat ze veilig zijn voor hun vader, biedt me enige troost.

Zacarias wordt op 30 mei 1968 geboren. Het is zondag, acht uur 's avonds. Overal in Frankrijk vinden gewelddadige protesten plaats, maar dat laat me volkomen koud. Wat maakt het uit of de hele wereld om me heen instort nu mijn leven op mijn tweeëntwintigste toch al is verwoest.

Na de bevalling verbieden de artsen me naar huis terug te keren. Ik moet nog drie maanden in het ziekenhuis blijven, ver van mijn vier kinderen. De artsen hebben begrepen dat mijn man gevaarlijk is en hij mag mij niet zien.

De kinderen zijn nog steeds in het opvanghuis, beschermd tegen hun agressieve vader. Want sinds enige tijd is het voor hem niet meer voldoende om mij te slaan en gaat hij ook de kinderen te lijf. Een kreet, een huilbui, het minste of geringste is aanleiding om erop los te slaan. Ze zijn zo bang voor hem dat Nadia in haar broek plast zodra hij begint te schreeuwen en Jamila in een reflex haar armen boven haar hoofd heft als hij naar haar toe komt. Ik ben boos over mijn eigen machteloosheid. Ik kan schreeuwen wat ik wil, hem smeken ze met rust te laten, het maakt niets uit. Het lijkt wel of hij heeft ontdekt dat hij mij het meest pijn doet als hij hen slaat.

In het ziekenhuis kom ik langzamerhand weer op krachten. Omar probeert regelmatig met geweld mijn kamer binnen te dringen. Het is zo erg dat het ziekenhuis op een dag de politie moet bellen om hem de weg te versperren. De artsen maken gebruik van deze rustperiode om met een hormoonbehandeling mijn menstruatie, die ik tot nu toe nooit heb gehad, op gang te brengen. Eindelijk kan ik voorkomen dat ik zwanger word. Ik ben opgewonden en trots dat ik een van de eerste vrouwen ben die de pil slikt. Maar voorlopig moet ik dat voor Omar geheimhouden; als hij het merkt is hij waarschijnlijk in staat me te doden.

Als ik aan het einde van de zomer terugga, verhuizen we naar een appartement in een nieuwbouwwijk van Bayonne. Voor het eerst woon ik in een flat, op de twaalfde verdieping. Omar lijkt veranderd. Hij verwelkomt me hartelijk en gedraagt zich niet meer agressief tegen mij, noch tegen de kinderen. Misschien heeft hij echt van onze afwezigheid gebruikgemaakt om na te denken, en is hij tot het inzicht gekomen dat zijn geweld ons gezin te gronde richt. Of misschien heeft de tussenkomst van de politie in het ziekenhuis hem doen beseffen dat hij zich maar beter koest kan houden. Hoe het ook zij, ik heb niet genoeg energie om de vlam van de hoop brandend te houden. Ik leef alleen maar in het heden en neem alles zoals het komt, zonder aan de toekomst te denken. Het enige waar ik om geef zijn mijn vier kinderen. Alleen vanwege hen hecht ik aan het leven.

De rust is van korte duur. Al na enkele weken begint Omar me weer te slaan. Alle bewoners van het gebouw weten dat hij me slaat. Dat kan ook niet anders: mijn gezicht draagt altijd de sporen van zijn mishandelingen, of anders zit mijn arm wel in een mitella of heb ik een spalk om een gebroken vinger.

Gered door een arts

Franse buren, die nu mijn enige vrienden zijn, raden me aan naar de politie te gaan: 'Hij heeft het recht niet je te slaan,' zeggen ze, 'Je moet hem dwingen ermee te stoppen.' Dat is gemakkelijk gezegd, maar hoe doe ik dat? Wat haalt het uit als ik hem aangeef? Ze zullen hem in ieder geval niet naar de gevangenis sturen. En als hij weer thuiskomt, ben ik degene die hem het hoofd moet bieden. En wie weet waar hij dan toe in staat is.

Pas als hij nog verdergaat onderneem ik actie: op een avond, terwijl we zitten te eten, vraagt hij Jamila op te houden met duimen. Zoals alle kinderen doen, haalt ze hem uit haar mond om hem er even later weer in te steken. Omar pakt zijn glas en gooit het hard tegen haar gezicht. Ze huilt van de pijn en haar gezicht bloedt.

Omar schreeuwt dat ze moet ophouden met huilen, maar dat maakt mijn dochtertje alleen maar banger. De snee is diep en ik kan hem overhalen ons naar de eerste hulp te brengen.

In het ziekenhuis vraagt de arts me wat er is gebeurd. Het is Omar die antwoord geeft. Hij legt uit dat Jamila van de trap is gevallen. Daarna keert hij zich naar mij en zegt in het Arabisch: 'Als je je mond opendoet, sla ik je de hersens in.' Zonder vragen te stellen laat de arts ons vertrekken, maar hij zegt dat we over vier dagen terug moeten komen voor controle.

Deze keer ga ik alleen. Dezelfde arts loopt me tegemoet en begroet me in het Arabisch! 'Dus uw man heeft het gedaan. En hij slaat u ook, neem ik aan?' zegt hij vrijwel accentloos. Mijn mond valt open: ik besef dat hij moet hebben begrepen wat Omar tegen me zei. Hij weet dat Jamila niet van de trap is gevallen en hij weet alles van mijn problemen. Hij wist dat hij er niet over kon beginnen in aanwezigheid van mijn man, omdat Omar me dan uit wraak voor de vernedering zou hebben geslagen zodra we thuis waren. Ik neem hem in vertrouwen en vertel hem over de klappen, de treiterijen, de constante dreiging van geweld.

'Wat gaat u eraan doen?' vraagt hij meelevend.

'Maar ik kan niets doen! Mijn kinderen zijn te klein en ik heb geen werk. Er is geen oplossing, geen enkele oplossing... Ik zit in de val!'

Hij stelt voor dat ik medische verklaringen laat opstellen over mijn verwondingen. 'Nee dat wil ik niet. Als Omar erachter komt vermoordt hij me,' zeg ik snikkend.

Omar is tot alles in staat. Hij dreigt regelmatig dat hij ons zal meenemen naar Marokko om ons daar achter te laten zonder onze Franse papieren. Daarom verstop ik mijn verblijfsvergunning iedere avond onder de stortbak (samen met de strip van de pil). Iedere ochtend haal ik het waardevolle document weer tevoorschijn en stop ik het op een plek waar hij het nooit zal vinden: in mijn onderbroek. Zo kan ik op ieder moment vluchten, met mijn kinderen onder de arm. Ik weet dat het me mijn leven kan kosten als hij op een dag mijn strategie ontdekt. Maar wat maakt dat eigenlijk uit, want met zijn geweld vermoordt hij me toch stukje bij beetje.

Eindelijk vindt de arts een oplossing. Iedere keer dat Omar mij of mijn kinderen te lijf gaat, moet ik langskomen om het letsel te laten vaststellen. Hij zal alle verklaringen in zijn dossier bewaren, tot ik besluit een aanklacht in te dienen.

Hoopvol verlaat ik zijn kamer: het kan jaren duren, misschien moet ik nog duizend keer zijn geweld ondergaan voordat ik eraan toe ben, maar ik ben er zeker van dat ik op een dag deze man zal verlaten. Ik sta niet toe dat hij mij of mijn kinderen vermoordt.

Voor het eerst heb ik het gevoel dat ik een bondgenoot heb, iemand die me misschien kan helpen het einde van de tunnel te vinden. Dat geeft me de moed om weerstand te bieden. Ik accepteer het werk dat een bejaarde buurvrouw mij biedt: eenvoudig naai- en verstelwerk. Het stelt niet veel voor, maar voor mij is het een geschenk uit de hemel. Door mijn familie en mijn man werd ik altijd gekleineerd en behandeld als een waardeloze nietsnut. Nu, voor het eerst sinds ik als kind het huis van mijn oom verliet, is er iemand die me haar vertrouwen schenkt en mijn werk waardevol vindt.

Ik heb nog nooit met zo veel plezier gewerkt. Ik heb het gevoel dat ik steen voor steen de weg plavei naar de vrijheid. Met het beetje geld dat ik verdien, kan ik eten en spullen voor mijn kinderen kopen.

Maar achter de naaimachine voel ik me vooral een spion die bezig is met een geheime missie. Ik loop ieder moment het risico betrapt te worden, en de gevolgen zullen dramatisch zijn. Omar heeft me verboden alleen al met mijn buren te praten en zal het niet kunnen verkroppen dat ik achter zijn rug om heb gewerkt. Ondanks alles aanvaard ik het risico. Om te voorkomen dat hij mijn geheim ontdekt, heb ik met de kinderen een plan bedacht: terwijl ik aan de achterzijde van het appartement aan het werk ben, houden zij de wacht bij de deur en ze waarschuwen me zodra ze Omar de sleutel in het slot horen steken.

Maar ons 'complot' werkt maar even. Op een dag keert Omar onverwacht terug en verrast hij me terwijl ik aan het naaien ben. Hij is dronken en ik wacht tot hij me begint te slaan omdat ik hem niet heb gehoorzaamd. Maar omdat hij al enige tijd vermoedde dat we iets in ons schild voerden, vraagt hij me simpelweg om al mijn geld. Als ik zeg dat ik niets bij me heb, begint hij me af te ranselen. Ik probeer uit te leggen dat wat ik verdien nauwelijks genoeg is om de kinderen te voeden, maar hij luistert niet en gaat door het lint. Hij werpt zich boven op me en probeert me te wurgen met de ceintuur van mijn badjas. Ik worstel, maar hij is te sterk. Ik krijg geen adem meer. Ik zal sterven. Dit is het moment dat hij me vermoordt. Ik denk aan mijn kinderen: wat moet er van hen worden?

Als ik bijkom heeft hij de woning verlaten. Hij heeft de deur op slot gedaan om te voorkomen dat iemand de sporen van de klappen op mijn gezicht ziet.

Maar de maat is vol. Ik lijd niet meer onder zijn geweld, integendeel, het versterkt mijn wilskracht. Ik sta op, was mijn gezicht en ga naar de kinderen. Vervolgens loop ik rustig naar de keuken.

Met een buurvrouw aan wie ik heb verteld dat hij ooit op het punt stond me uit het raam te gooien, heb ik een code afgesproken. Als ik in nood ben moet ik een rode lap aan het raam hangen. Dan weet zij dat er iets ergs aan de hand is en belt ze de politie. Ik open de kast en pak de lap. Ik voel me als een zeeman die als noodsignaal een vuurpijl afsteekt.

Als de politie aan de deur komt, leg ik uit dat ik opgesloten zit en geen sleutels heb. Ze wachten bijna een uur tot Omar terugkomt en nemen hem dan meteen mee naar het bureau. Ondertussen stelt een arts een verklaring op over mijn verwondingen, waarna hij me naar een blijf-van-mijn-lijfhuis brengt. Onze kinderen worden in een opvanghuis in Biarritz geplaatst. De sociaal werkster vertelt me dat het tijdelijk is, maar het is een hoge prijs die ik moet betalen voor onze veiligheid. Hoe kan ik mijn kinderen uitleggen waarom ik ze steeds naar een opvanghuis stuur?

Maar ik moet nu doorzetten, ik mag niet opgeven nu ik zo dicht bij mijn doel ben, nu we bijna zijn bevrijd uit de hel die Omar voor ons heeft geschapen.

Ik zet de scheiding onmiddellijk in gang. Nu moet ik alleen nog mijn fysieke banden met hem doorsnijden. Ik kan niets doen zolang de wet me niet toestaat de echtelijke woning te verlaten. Ik heb vaak gedacht aan vluchten, maar ik weet dat Omar alles zal doen om ons terug te vinden en ik wil niet tussen twee politieagenten in naar hem worden teruggebracht.

Daarom wacht ik met spanning de beslissing van de rechter af. En als ik geen gelijk krijg? Als de rechter bepaalt dat ik de rest van mijn leven bij mijn man moet blijven? Daar wil ik niet aan denken; dat zou gelijkstaan aan een doodvonnis.

De zitting vindt plaats op 10 november 1970. Trillend loop ik het kantoor van de rechter in. Omar blijft bij me in de buurt. Ik voel dat hij vanbinnen kookt en ieder moment kan ontploffen. In zijn cultuur is het ondenkbaar dat een vrouw zich durft te verzetten, haar onafhankelijkheid terugeist, kortom, niet meer accepteert dat ze een slaaf is van haar man. Wat moet het voor hem vernederend zijn om omringd door politiemannen voor me te staan!

De rechter richt zich tot hem en herhaalt de aanklachten: geweld, fysieke mishandeling, het verlaten van de echtelijke woning, verwaarlozing.

'M. Moussaoui, wat heeft u daarop te zeggen.'

'Het is mijn vrouw, ik doe wat ik wil,' antwoordt hij uitdagend.

'M. Moussaoui, zo werkt het hier niet,' zegt de rechter tegen hem, zichtbaar geïrriteerd door zijn gedrag. 'Ik raad u aan een advocaat in de arm te nemen. Hij zal u uitleggen hoe de Franse wet in elkaar zit. Ondertussen is Mme. Moussaoui vrij de echtelijke woning met haar kinderen te verlaten.'

'O nee, mijn vrouw komt terug naar huis,' protesteert Omar, terwijl hij opspringt.

Gelukkig gaan de agenten tussen ons in staan. De rechter beveelt Omar weer te gaan zitten terwijl hij mij allerlei beledigingen en scheldwoorden naar het hoofd slingert, in het Arabisch, zodat niemand verstaat dat hij me zal vermoorden zodra we weer samen zijn.

Ik tril als een espenblad.

Gelukkig wachten vrienden op me met hun auto om me ver weg te brengen van hem. De kinderen blijven in het opvanghuis, totdat ik een appartement vind waar we met zijn allen kunnen wonen. Ik mag ze alleen in het weekend zien. Zonder mijn kinderen is het een bittere overwinning, maar we zijn in ieder geval vrij. Eindelijk!

8

De (lange) weg naar de vrijheid

Baskische vrienden in Périgueux bieden me onderdak aan. Het voelt als een bevrijding. Hier zal Omar me niet vinden. Op de avond dat ik aankom ga ik voor het eerst naar bed zonder mijn valiumpilletje. Sinds lange tijd slaap ik op zijn hoogst twee of drie uur per nacht, ook met medicijnen. Omar heeft zo vaak gezegd dat hij mijn kinderen en mij op een dag zou doden omdat we hem tot last waren, dat ik uiteindelijk geen oog meer dichtdeed uit angst dat hij zijn dreigement zou waarmaken. Als ik even indommelde, schrok ik na een paar minuten weer wakker. Die nacht slaap ik tien uur aan één stuk. Als ik eindelijk wakker word, voel ik me als herboren. Dit is het begin van mijn nieuwe leven. Ik hoef deze man, die ons slechter behandelde dan een dier, niet meer te zien. Ik heb eindelijk het juk van de pijn en de vernederingen afgeworpen.

Tot ik werk en een woning heb gevonden mag ik bij mijn Baskische vrienden blijven. Ze waren ook bevriend met Omar, maar hebben mijn kant gekozen en aarzelden geen seconde om mij hun hulp aan te bieden.

Op een dag belt er iemand aan, vlak voor het avondeten. Gelukkig heeft de man de tegenwoordigheid van geest om door het kijkgaatje te kijken. Het is Omar. Voordat hij de deur opent, gebaart hij dat ik me moet verstoppen in de achterkamer. Meer dan een uur speelt Omar de treurende echtgenoot in de hoop dat mijn vrienden hem helpen mij te vinden. Hij zegt dat hij zal veranderen, dat hij niet zonder mij kan leven. Maar aan de andere kant van de deur denk ik: dat kan wel zijn, maar ik wil leven zonder jóú...

Dit toneelstukje herhaalt zich enkele keren, maar mijn vrienden verraden me niet.

Drie weken later belt de sociaal werkster me. Ze heeft een baan voor me gevonden in een conservenfabriek in Bayonne. Ik schreeuw het uit van vreugde. Met mijn loon kan ik een appartement huren en eindelijk de kinderen halen, die nog steeds in een opvanghuis zitten.

De sociaal werkster legt me uit dat ik ze voorlopig, zolang mijn leven nog niet stabiel is, alleen in de weekends thuis mag hebben. Ik maak van ieder weekend gebruik om ze zo veel mogelijk tederheid en warmte te bieden, zodat de band met mijn kinderen langzamerhand weer hechter wordt.

Maar ook nu weer is de rust van korte duur. Omar krijgt het recht onze kinderen één keer in de veertien dagen te zien. De beslissing komt aan als een vuistslag. Ik weet heel goed waarom hij ze wil zien: niet om speelgoed voor ze te kopen of met ze te gaan wandelen, maar alleen om erachter te komen waar ik woon. Ik word bang. Als ik op straat loop kijk ik steeds over mijn schouder en schrik ik op bij ieder onverwacht geluid. Ik voel dat de schaduw van Omar naderbij komt.

Dat wat ik vrees, gebeurt algauw. Nauwelijks een maand later vertelt mijn oudste dochter Nadia dat haar vader haar heeft gevraagd te vertellen waar ik woon. 'Ik zal lief voor mama zijn. Je weet dat ik spijt heb, ik zal haar nooit meer slaan. We zullen weer samen zijn,' wilde hij haar doen geloven. Maar Nadia hapte niet toe en heeft mijn adres niet gegeven. Toch weet ik dat het slechts een kwestie van tijd is voordat hij me vindt.

En dat gebeurt op een zaterdag, vier maanden nadat we uit elkaar gingen, midden op de dag, als ik terugkeer van een lunch met vrienden.

Ik sta in de gang voor mijn appartement en heb nauwelijks tijd om te reageren. Ik zie Omar met Nadia in een nis in het trappenhuis. Het volgende moment staat hij voor me en drukt hij een mes tegen mijn keel. 'Dus je dacht te kunnen ontsnappen!' schreeuwt hij. 'Kom mee naar huis of ik snijd je keel door!' Ik weet dat hij het meent. Achter hem zie ik Nadia staan, haar gezicht vertrokken van angst. Ze heeft net in haar broek geplast. 'Oké, wacht, wacht, oké, ik ga mee!' zeg ik met trillende stem. Hij kijkt me fel aan en steekt zijn mes weg. 'Kom,' zegt hij gebiedend, terwijl hij me met zich meetrekt. Ik volg hem naar de auto, als een schaap dat op weg is naar het slachthuis.

We brengen de kinderen terug naar het opvanghuis. Nadia is nog steeds doodsbang, ze is in shock. Als Omar zich naar de kinderen wendt om afscheid te nemen, deinzen ze achteruit en drukken ze zich zo dicht mogelijk tegen elkaar aan op de achterbank. 'Ik heb dit alleen maar gedaan omdat ik van mama houd,' zegt hij ernstig. 'Ik wil dat ze weer thuiskomt, dat is alles.'

De kinderen staren hem aan, met grote ogen en open mond. Ze zijn niet in staat antwoord te geven, alsof ze verlamd zijn. Op dat moment haat ik hem met alle kracht die ik in me heb door de angst die hij mijn kinderen inboezemt en ik bid dat ze dit alles op een dag kunnen vergeten.

Tijdens het ritje naar zijn huis gooit hij het op een charme-offensief. 'Je zult zien dat ik ben veranderd, we beginnen met een schone lei... bla, bla, bla...' Omdat ik zijn verleden ken, laat ik me niet om de tuin leiden door zijn mooie praatjes. Ik weet wat voor man hij is.

Zijn appartement is een zwijnenstal. Overal liggen vieze kleren, de afwas staat hoog opgestapeld in de gootsteen. Het is een en al smerigheid en treurnis.

'Ik kom snel terug, in de tussentijd hoef je alleen maar een beetje op te ruimen,' zegt hij voordat hij de deur op slot doet.

En alles begint weer van voren af aan. Na alles wat er is gebeurd, wil hij me alleen maar terug als dienstmeisje. Maar deze keer steek ik er een stokje voor. Ik weet dat ik weer moet vertrekken, dat ik zo ver mogelijk weg moet gaan van het gevaar.

Ik kijk uit het raam en zie zijn auto wegrijden. Ik heb één gelukje: hij woont op de eerste verdieping. Ik klim op de balustrade van het balkon, spring en ren weg zonder om te kijken. Met deze man zie ik geen andere mogelijkheid. Ik heb al zo'n hoge prijs betaald voor een klein beetje onafhankelijkheid voor mijzelf en veiligheid voor mijn kinderen; nu opgeven is ondenkbaar.

Enkele maanden later belt de sociaal werkster me om te zeggen dat ze werk voor me heeft gevonden als linnenjuffrouw in een weeshuis in Saint-Amand-de-Vergt, vijfentwintig kilometer van Périgueux.

'Er hoort een dienstwoning bij. Nu kunt u uw kinderen ophalen,' voegt ze eraan toe. Eindelijk! Voor het eerst sinds vier jaar kunnen we eindelijk in alle rust bij elkaar wonen. Geen opvanghuizen of uithuisplaatsingen meer.

In dat vredige, afgelegen dorpje beginnen we met ons nieuwe leven. De kinderen vinden al snel hun plek in deze nieuwe omgeving en de wonden van het verleden lijken vergeten. Ze doen het goed op school en vol trots constateer ik dat mijn strijd eindelijk vruchten afwerpt.

Juni 1971. Het weeshuis organiseert een groot feest om het schooljaar af te sluiten. Er is een maaltijd in de openlucht, er wordt gedanst onder de blauwe hemel en iedereen is vrolijk.

Plotseling zie ik aan het einde van de oprijlaan twee silhouetten. Mijn hart staat stil. De grootste herken ik uit duizenden: het is Omar. Hoe heeft hij me hier gevonden? Als ik zie wie de persoon is die hem vergezelt, begrijp ik het: het is mijn op een na oudste broer, Omar Z. Mijn man moet mijn familie hebben gebeld en gezegd dat hij zich zorgen maakte en mijn broer is in de val gelopen!

Ik moet gaan zitten om te voorkomen dat ik op de grond val. Ik voel me als een voortvluchtige die weer is opgepakt. Zal ik dan nooit rust hebben?! Ik ben verloren, denk ik, terwijl ik toekijk hoe ze dichterbij komen.

Mijn broer lijkt zich ongemakkelijk te voelen met de situatie. Hij weet niet hoe hij het gesprek moet beginnen.

'Hé, jullie hebben laarzen aan,' zegt hij terwijl hij naar de kinderen kijkt.

'Dat is tegen de slangen,' zeg ik simpelweg.

'Nou, je kunt toch ergens anders heen gaan! Naar een plek waar geen slangen zijn.'

'Ik ben niet bang voor de slangen, ik ben bang voor degene die jij hebt meegenomen...' zeg ik terwijl ik een blik op Omar werp.

'Je bent te jong om je hier op te sluiten,' gaat mijn broer verder.

'Bovendien hebben de kinderen een vader nodig en die zul je hier niet vinden.'

Omar blijft op enige afstand en zegt niets.

'Je bezoedelt de reputatie van de familie,' voegt hij er nog aan toe, ervan overtuigd dat dit argument doel treft.

Hoe kan hij dat denken? Waarom zou ik me opofferen voor een familie die mij in de steek heeft gelaten?

Bijna een week lang blijven ze me lastigvallen en zetten ze me onophoudelijk onder druk om me te bewegen terug te komen. Wat moet ik doen? Opnieuw zit ik in het nauw. Moet ik weer vluchten? De moed ontbreekt me. En dan zijn er de kinderen. Ook al was hij nooit thuis, ook al was hij gewelddadig, Omar is hun vader en ze hebben me duidelijk gemaakt dat ze genoeg hebben van al die opvanghuizen, van hun chaotische leven, van het eeuwige vluchten. Ook zij zijn ongetwijfeld bang dat alles weer van voren af aan begint, maar ze hebben ook recht op een normaal gezinsleven, met een huis, een vader en een moeder. Een andere oplossing is er gewoonweg niet. Nu Omar ons heeft gevonden, zal hij zijn prooi niet meer laten ontsnappen en ik ben moe van het vechten.

Op dat moment heb ik zelf weinig hoop, maar ook deze keer heb ik de plicht het te proberen. Uitgeput en op van de zenuwen geef ik uiteindelijk toe: 'Oké, ik wil het nog één keer proberen,' zeg ik tegen mijn broer, maar als het niet lukt, kun je tegen de hele familie zeggen dat ik mijn eigen gang ga! Niemand kan me meer dwingen. Ze mogen ervan denken wat ze willen.'

Ik heb nog één troef in handen: over een paar maanden zijn we officieel gescheiden en als deze proefperiode met Omar niet goed verloopt, kan ik me altijd verschuilen achter de beslissing van de rechter en hem volkomen legaal verlaten.

We vertrekken onmiddellijk naar de Elzas, waar Omar werk heeft gevonden. De kinderen gaan naar een vakantiekamp tot de verhuizing achter de rug is.

Gelukkig blijft mijn broer Omar Z. nog een maand 'om te zien hoe het gaat'. Ook hij lijkt niet veel vertrouwen te hebben in de beloften van Omar.

De eerste maanden doet Omar echt zijn best en houdt hij zijn belofte. Geen klappen, geen geweld. Maar ik mag nog steeds niet werken. 'Of je werkt en geeft mij je loon, of je blijft thuis.' Uiteraard weiger ik. We hebben toch al een schrijnend geldgebrek. Omar houdt niet alleen zijn eigen loon maar ook de hele kinderbijstand voor zichzelf. Hij geeft me alleen wat geld om de kinderen te eten te geven, en soms is dat niet genoeg.

In de beginjaren in Marokko dacht ik heel naïef dat hij niet wilde dat ik werkte omdat hij een ouderwets opvatting had over de vrouw. Alsof het voor een vrouw onterend zou zijn om te werken. Maar op dat moment besef ik dat het veel erger is: hij wijst het hele idee van gelijkwaardigheid af en is wars van alles wat maar een beetje doet denken aan autonomie. In zijn visie moet de vrouw volledig afhankelijk zijn van haar man en heeft ze geen recht op een eigen bestaan. In Marokko had ik al moeite met die manier van denken, maar hier, in Frankrijk, waar de vrouw gelijk is aan de man, waar ze wordt aangemoedigd om te werken, is het gedrag van mijn man nog moeilijker te verdragen.

Ik besluit zijn verbod te trotseren en neem een baan in een textielfabriek. 's Ochtends doe ik alsof ik het huis opruim terwijl ik wacht tot hij vertrekt. Zodra ik zijn auto het parkeerterrein af zie rijden, ga ook ik naar mijn werk. Ik sla de lunchpauze over om er zeker van te zijn dat ik op tijd terug ben.

Een maand lang gaat dit goed. Helaas besluit mijn baas op een ochtend dat ik mijn werktijden niet meer zelf mag bepalen. Ik zal geen dubbelleven meer kunnen leiden. Ik moet kiezen: of ik stop met werken of ik beken alles aan Omar. Ik kies voor de tweede oplossing.

Ik bereid me voor op een geweldsuitbarsting. Ik ben niet alleen ongehoorzaam geweest, ik heb ook nog tegen hem gelogen. Doorgaans heeft hij minder nodig om me te slaan. Vreemd genoeg blijft hij rustig. Alsof hij het al die tijd al wist. Hij volstaat ermee het restant van mijn loon op te eisen. Zonder dat hij het ziet, haal ik mijn geld weg van de plaats waar ik het heb verstopt, boven de wc, en gelaten reik ik hem de envelop met de biljetten aan. Hij telt ze onverschillig en laat ze in zijn zak glijden zonder een woord te zeggen.

Maar ik behoud het belangrijkste: mijn werk. Omar blijft alles wat ik verdien opeisen, maar ieder keer zeg ik dat ik alles al heb uitgegeven aan boodschappen. Wat overigens bijna de waarheid is, want hij geeft me geen cent en betaalt de huur niet eens... Ik slaag erin een klein bedrag te verstoppen, genoeg om de kinderen voldoende te eten te geven en iets apart te leggen voor later.

Omar en ik worden vreemden voor elkaar, geheel in beslag genomen door onze eigen levens: voor mij het werk en de kinderen, voor hem de bouwplaats en zijn cafébezoek. Alleen het geschreeuw en soms de klappen brengen me terug naar de realiteit van mijn huwelijk.

Op een avond komt Omar tegen acht uur naar me toe en vraagt hij me mee te gaan om sigaretten te halen. Als we in de auto zitten zwijgt hij. Al snel ontdek ik dat we niet naar het centrum rijden maar de stad uit.

'Waar gaan we heen?' vraag ik ongerust.

'Dat zul je wel zien,' fluistert hij voldaan, 'het is een verrassing.'

Na vijftig kilometer stopt hij plotseling midden op het platteland.

'Zo, hier kun je eens goed nadenken,' barst hij los terwijl hij me de auto uit gooit. 'Als je werkt geef je mij het geld, anders blijf je daar. Ik kom je zo halen. En als je gaat liften vermoord ik je.'

Het is koud, ik ben alleen, gekleed in mijn badjas, en in de wijde omtrek is niets te zien. Ik ben bang. Vijf minuten gaan voorbij zonder een teken van Omar. Tien, vijftien, twintig minuten. Een uur later komt hij terug.

'Stap in,' beveelt hij.

Ik zit nog nauwelijks in de stoel als hij snel optrekt. Hij rijdt als een coureur, sneller en sneller. Ik krimp ineen in mijn stoel. Hij wil ons laten verongelukken. Hij heeft me alleen maar hierheen gebracht om ons te pletter te rijden. Ik bereid me voor op de dood. Ik denk aan de kinderen en sluit mijn ogen.

'Zie je dat ik je bang kan maken,' zegt hij kwaadaardig, voordat hij eindelijk vaart mindert.

Het lijdt geen twijfel: mijn man is een professionele sadist. Vanaf dat moment zijn mijn dagen getekend door de angst voor wat hij nog meer zal bedenken.

30 december 1971. We bereiden ons voor op de nieuwjaarsfeesten. De kinderen en ik hebben maar zo weinig pleziertjes dat we ons al bij voorbaat verheugen op wat een vrolijke periode lijkt te gaan worden. Even kunnen we ontsnappen uit de hel van alledag. Omar vraagt me de kinderen aan te kleden: die avond neemt hij ons mee uit eten.

Hij gaat als eerste de badkamer in en neemt alle tijd. Als hij eruit komt is hij geschoren, gekapt en gekleed in een schitterend taupekleurig pak. Ik moet toegeven dat hij er stijlvol uitziet.

'Ik ga even weg en ben over een paar minuten terug,' zegt hij voordat hij de voordeur achter zich dichttrekt.

We wachten in de woonkamer. De kinderen zijn opgewonden bij het idee dat we een avond uit zullen gaan met het gezin. Dat gebeurt maar zo zelden.

Een uur gaat voorbij, twee uur, en nog steeds geen teken van Omar. De kinderen hebben honger en ik kan ze niets bieden dan aardappelen en zout. Tegen één uur 's ochtends vallen ze uitgeput en teleurgesteld in slaap voor de televisie. Omar komt om vijf uur terug, zonder een woord te zeggen, zonder een verklaring. Hoe kan iemand zo wreed zijn tegen zijn eigen kinderen?

De volgende ochtend staat mijn besluit vast. Ik bel de sociaal werkster en vraag haar mij te helpen te vertrekken. Voor de zoveelste keer organiseer ik mijn vlucht.

Op 30 januari 1972 is alles klaar. Er is een plaats voor me vrij in een blijf-van-mijn-lijfhuis en de kinderen worden in een opvanghuis geplaatst tot ik in rustiger vaarwater terecht ben gekomen. Voor het eerst ben ik blij dat ik ze niet om me heen heb: het zou veel moeilijker zijn om te vluchten met vier kinderen op mijn arm en bovendien, als het verkeerd afloopt wil ik niet dat Omar ze te pakken krijgt.

Die avond keert Omar laat terug. Hij wil met me vrijen maar ik doe of ik slaap. Als hij in slaap valt staar ik naar zijn gezicht. Als hij nu wakker zou worden, zou hij in mijn ogen kunnen lezen wat ik denk: ik haat deze man meer dan wat ook ter wereld. Ik zou hem willen vermoorden, hem net zo laten lijden als hij mij heeft laten lijden. Hij heeft alles van me afgepakt: mijn jeugd, mijn trots, mijn waardigheid. En het ergste is dat hij mijn kinderen hun onschuld heeft afgenomen door ze te slaan, door voor hun ogen hun moeder af te ranselen. Hij heeft hun droom vermoord van een evenwichtig gezin met een vader die ze liefde geeft in plaats van klappen, een vader die er is als het feest is of als er een verjaardag wordt gevierd, een vader die zich niet bezat in een café terwijl zij met een rammelende maag naar bed gaan. Hij veroordeelt ze tot een leven van angst en geweld, een leven in tehuizen, bijna vanaf het moment dat ze in Frankrijk aankwamen. Ik walg van hem. Ik zou willen dat hij dood was.

Ik ga weer liggen maar blijf wakker. Om halfacht staat hij op en gaat hij naar zijn werk. Zodra ik de deur dicht hoor vallen, pak ik de spullen die ik bij een buurvrouw had verstopt en ga ik naar het blijf-van-mijn-lijfhuis dat de sociaal werkster voor me heeft gevonden.

De kinderen en ik blijven er bijna twee maanden, maar het leven met zijn vijven in één kamer is zwaar. Vooral omdat ze niet op de gangen mogen spelen en niet naar buiten mogen. En ik kan ze niet alleen laten om naar werk te zoeken. Ik zit in een impasse. Om verder te komen moet ik een zware beslissing nemen: ik vraag aan de sociaal werkster of ze de kinderen weer in een tehuis kan plaatsen.

Voordat ik het kantoor van het sociaal werk verlaat kniel ik neer voor alle vier de kinderen: 'Ik moet jullie alleen laten tot ik werk gevonden heb en daarna zullen we een echt gezin worden. Dat beloof ik jullie,' zeg ik in tranen.

Met hun blik stemmen de kinderen toe. We hebben samen al zo veel doorgemaakt dat we lotgenoten zijn geworden. Zij zijn het enige wat ik heb en ze weten dat ik alles doe om ze te redden.

Omar geeft niets om de kinderen. Hij is misschien uit het gezicht verdwenen, maar niet uit mijn gedachten. In het weekend, als ik de kinderen bezoek, heb ik een knoop in mijn buik, bang dat ik hem om de hoek van de straat zie verschijnen. Hoe lang zal hij ons de tijd gunnen om ons leven op te pakken. Wanneer zal hij komen om alles te verwoesten?

9

Frankrijk reikt me de hand

Ik werk onafgebroken zodat het de kinderen aan niets ontbreekt. Ik heb verschillende banen: verkoopster in een slagerij, fabrieksarbeidster, naaister. Ik zit nooit stil en wissel van baan als het zo uitkomt.

Op een ochtend, als ik in een boetiek bezig ben met het verstellen van kleding, vertelt een klant me dat ze bij het postkantoor een schoonmaakster zoeken: 'Je kunt het gewoon proberen, je weet maar nooit...'

Op het middaguur zit ik bij de personeelschef van het postkantoor. Hij wil me een maand op proef aannemen. Maar er is één groot probleem: ik moet mijn werkgever in de boetiek overhalen mij een maand verlof te geven! Ik kan het me niet veroorloven mijn baan op te zeggen. Als mijn proefperiode bij het postkantoor niet goed verloopt, zit ik in een lastig parket en wordt de kans dat mijn kinderen bij mij kunnen wonen nog kleiner. Helaas wil mijn baas me maar vijftien dagen vrij geven. Dat is minder dan ik had gehoopt, maar het is iets. Ik kan deze kans niet voorbij laten gaan. De volgende ochtend begin ik met mijn nieuwe baan bij de post.

Na twee weken, voordat mijn proefperiode ten einde is, loop ik het kantoor van mijn baas binnen en leg ik hem de situatie uit. 'Meneer, als u mij niet wilt houden is dat niet erg, maar dan moet ik het nu weten, anders raak ik mijn andere baan kwijt.'

Hij kijkt me lang aan met een verbaasde blik die lijkt te zeggen: 'Nou, ze heeft in ieder geval lef.'

'Maar dat is geen enkel probleem: je blijft bij ons,' antwoordt hij.

Ik slaak een kreet van vreugde. Schoonmaakster, het is niet mijn droombaan, maar wie weet, misschien krijg ik de kans verder te groeien.

Zes maanden later roept mijn baas me in zijn kantoor. Wat zou hij willen? Als ik naar binnen ga durf ik hem niet aan te kijken.

'Aïcha,' zegt hij, 'je kunt niet lezen, hè?'

'Nee ik heb nooit de kans gehad het te leren.'

'En je hebt ook geen rijbewijs?'

'Nee.'

Ik vrees het ergste. Ik heb mijn beste beentje voorgezet en ik vind het prettig werken in deze vriendschappelijke sfeer. Maar zijn vragen voorspellen weinig goeds.

'Oké,' gaat hij verder, 'ik heb plannen met jou. Maar eerst ga je je inschrijven voor een cursus Frans en ik wil dat je je rijbewijs haalt. Als dat is gelukt, kun je je inschrijven voor het interne examen voor postbesteller.'

Ik kan het niet geloven. Ik ben zo geëmotioneerd dat ik hem niet eens kan bedanken.

'Ik denk dat je wel zult slagen,' vervolgt hij.

'Maakt u zich geen zorgen, meneer, ik zal alles doen om u niet teleur te stellen,' kan ik eindelijk uitbrengen, tot tranen geroerd.

Als ik zijn kantoor verlaat loop ik op wolken. Wat een heerlijk land! Van Bayonne tot Mulhouse, via Périgueux, ben ik alleen maar bijzondere mensen tegengekomen die de moeite namen om naar me te luisteren, me te begrijpen en me te helpen zonder dat ze er iets anders voor terug wilden dan mijn dankbaarheid en vriendschap. Toen we naar Mulhouse vertrokken waarschuwden sommigen me voor de Elzassers: ze zouden net zo koud en onaangenaam zijn als hun winters. Maar het enige wat ik zie is trouw en vrijgevigheid. Ik houd van hun manier van leven, eenvoudig, zonder schone schijn. Natuurlijk, ze nodigen je niet zo gauw thuis uit, maar als ze je eenmaal in hun hart hebben gesloten, is de vriendschap oprecht en voor altijd. Na alle valstrikken die het leven voor me heeft gespannen, ben ik geroerd door de eerlijkheid van deze mensen die me de hand reiken, zonder zich druk te maken over mijn religie, de kleur van mijn huid en mijn situatie.

Ik wacht vol ongeduld tot de eerste cursus Frans begint. Ik voel me als een tienermeisje op de avond van haar eerste dansfeest. Na al die jaren zal ik eindelijk leren lezen en schrijven! Wat een geluk, wat een bevrijding!

Tweemaal per week krijg ik les. Het is veel moeilijker dan ik dacht, maar ik bijt me erin vast. Ik mag niet falen, ik mag degene die in mij geloofde niet teleurstellen.

Al snel kan ik de krant lezen, brieven schrijven, alle dagelijkse dingen die me helpen te integreren. Eindelijk heb ik het gevoel dat ik een volwaardig lid ben van de maatschappij. Ik ben geen vreemdeling meer in dit land dat me al zoveel heeft gegeven en waar ik zo van houd.

Alle medewerkers bij de post helpen me bij de voorbereiding van mijn examen. De een geeft me rijlessen, de ander loopt de leerstof met me door. Ik moet slagen! Op 4 april 1973 krijg ik de uitslag. Ik durf de enveloppe bijna niet te openen: toegelaten! Mijn hart barst bijna uit elkaar van vreugde en ik moet naar adem happen. Het is een feit, ik ben geslaagd, ik heb mijn examen in één keer gehaald. Dat kleine analfabetische meisje dat door haar familie werd weggegeven aan een gewelddadige alcoholist, is nu ambtenaar van de Franse Republiek!

Trillend ga ik naar mijn baas om hem het nieuws te vertellen. Maar nu tril ik van geluk en trots...

Ik heb maar één gedachte: ik wil een plek vinden waar ik met de kinderen kan leven. De directeur van een makelaarskantoor aan wie ik mijn verhaal heb verteld, belt me op een vrijdag: ze heeft iets gevonden wat 'ideaal' is voor mij. Het is een appartement in een splinternieuw gebouw. Bij aankomst zie ik een doosje op het hek. Ik vraag haar wat het is. 'Een intercom met een digitale deurbeveiliging,' antwoordt ze, zichtbaar tevreden over mijn reactie. Ik wist niet eens dat dat bestond! 'Ik zei al dat het ideaal was voor u,' fluistert de vrouw me glimlachend toe. Het appartement is te duur, maar wat maakt het uit: als het nodig is neem ik er een tweede baan bij! Hier zijn we veilig. Omar kan nooit door deze barrière heen breken!

Van mijn laatste spaarcenten richt ik het appartement in: vijf schuimmatrassen, een televisie en een formicatafel. Het is sober, maar het voelt als mijn thuis. In afwachting van het einde van het schooljaar neem ik genoegen met een tweewekelijks bezoek van de kinderen. Het doet pijn, maar anders ontregel ik hun schooljaar.

Ondertussen lijkt het erop dat ook zij beetje bij beetje herstellen. Maar het afscheid op zondag is hartverscheurend. Jamila, die zo onder het geweld heeft geleden, schreeuwt en huilt tranen met tuiten omdat ze bij me wil blijven. De jongens passen zich beter aan. Ze zijn ook jonger. Abd-Samad is nog maar zes en Zacarias vier. Op die leeftijd neem je het leven gemakkelijker zoals het komt. Of misschien houden zij hun verdriet liever voor zich. De toekomst zal het uitwijzen.

Op het werk sluit ik vriendschap met Anna, een meisje dat uit Polen komt. Ze is zwanger en vertelt dat de vader van het kind net is omgekomen bij een ongeluk. Haar ouders geloofden haar niet en hebben haar op straat gezet.

Ik ben geraakt door haar verhaal en neem haar onder mijn hoede. Ik stel voor dat ze een tijdje bij mij komt wonen. Al snel is Anna meer dan zomaar een medehuurster: we ontdekken allerlei overeenkomsten, waarvan de belangrijkste is dat we allebei het slachtoffer zijn van de archaïsche mentaliteit van onze familie. Onze vriendschap is zeer intens. Voor het eerst heb ik het gevoel een nieuwe vriendin te hebben, begrepen te worden, alles te kunnen zeggen, alles te kunnen delen, zonder de angst veroordeeld te worden.

We zijn het over alles eens, ook over regel nummer één: geen man in huis. Anna is vastbesloten een nieuw leven te beginnen, maar voor mij is het niet erg moeilijk deze afspraak na te komen. Ik heb geen tijd om te flirten en mijn hoofd staat er ook niet naar. Ik moet zeggen dat de enige contacten die ik met mannen heb meer weg hebben van ongewenste intimiteiten dan verleiding. De Arabische mannen zien mij simpelweg als een prooi. In hun ogen moet een vrouw alleen wel een vrouw van losse zeden zijn. En als ik ze afpoeier, beledigen ze me. Zouden ze me ook zo weinig respect tonen als ze mijn vader of mijn broer kenden? Natuurlijk niet. Zelfs hier in Frankrijk hebben ze nog deze rotmentaliteit, gedragen ze zich nog als macho's die vinden dat een vrouw er alleen maar is om te gehoorzamen.

Ik wil geen man en ik heb er ook geen nodig. Ik wil alleen maar mijn leven met de kinderen weer op de rails krijgen.

Maart 1974. Op het werk heerst opwinding. Iedereen is naar het stadhuis geroepen om de komst van de kandidaat voor de presidentsverkiezingen voor te bereiden. Ik ben die dag vrij, maar ik wil het voor geen goud missen. Met een beetje geluk kan ik Valéry Giscard d'Estaing in levenden lijve zien! Ik mag niet stemmen, maar voor mij is deze man, die zonder twijfel president wordt, de belichaming van Frankrijk, van mijn droom van integratie en vrijheid.

Met mijn vier kinderen ga ik het stadhuis binnen. Ik loop een collega tegen het lijf die belast is met het regelen van de geluidsinstallatie. Ik vraag hem waar ik het best kan gaan zitten als ik de presidentskandidaat wil kunnen zien.

'Kom,' zegt hij, terwijl hij me meeneemt naar de coulissen, 'hier kun je hem niet missen.'

Even later verschijnt hij, omringd door zo'n twintig personen. Ik druk de kinderen tegen me aan: 'Kijk, kijk, dat is de toekomstige president van Frankrijk!' zeg ik tegen ze, ontroerd en opgewonden tegelijk.

Ik heb nauwelijks mijn zin afgemaakt als hij me passeert. En het ongelofelijke gebeurt: hij werpt een blik in mijn richting en blijft voor me staan. Als er niemand om ons heen had gestaan, weet ik zeker dat hij mijn hart had horen slaan.

'Zo, zijn jullie allemaal broers en zussen?' zegt hij vleiend.

'Nee,' zeg ik, terwijl ik hem nauwelijks durf aan te kijken, 'dit zijn mijn kinderen.'

'O, echt? Mijn felicitaties! En bevalt Frankrijk u?'

Hoe kan ik hem duidelijk maken dat ik verliefd ben op dit land dat me zoveel heeft gegeven, dat ik me hier zo goed voel dat het lijkt of ik gemaakt ben om hier te wonen?

'O ja, meneer, ik ben dol op Frankrijk!' zeg ik alleen maar.

'Heel goed, heel goed,' antwoordt hij terwijl hij over mijn hoofd aait.

Ik ben volledig van mijn stuk. Ik heb zojuist gesproken met de toekomstige president van Frankrijk. Nog steeds geëmotioneerd vertel ik het aan iedereen die ik tegenkom, als een klein meisje dat de kerstman heeft gezien... Dit betekent heel veel voor me, het was alsof Frankrijk zelf me welkom heette.

In die periode duikt Omar weer op. Onder het voorwendsel dat hij zijn kinderen wil zien, heeft hij de rechter overgehaald hem ons adres te geven. Hij is hertrouwd met een vrouw die hij uit Marokko heeft laten overkomen en kan, volgens de secretaris van de rechter, bewijzen overleggen dat hij een vaste verblijfplaats en een baan heeft. Ik vraag me af hoeveel waarde ik daaraan moet hechten bij een man als hij, maar ik wil niet weer vluchten en wacht zijn bezoek af, biddend dat het niet uit de hand loopt.

Trrring. Op een avond worden we tijdens het avondeten opgeschrikt door de bel. De kinderen rennen naar het raam en kijken naar het hek.

'Het is papa,' fluisteren ze angstig.

'Rustig maar,' zeg ik als ik zie dat hij niet alleen is, hij heeft een vrouw bij zich, hij zal ons niets doen.

Hij komt nog twee of drie keer langs. Iedere keer blijft hij alleen een paar minuten bij het hek staan om de kinderen te begroeten. Ik vind het verdacht en vraag me af wat hij te verbergen heeft. Het antwoord krijg ik op een dag wanneer ik word gebeld door een maatschappelijk werkster van het ziekenhuis.

'De vrouw van uw ex-man vraagt naar u. Ze ligt in het ziekenhuis en wil u zien.'

Er moet iets verschrikkelijks zijn gebeurd wanneer deze vrouw die ik nauwelijks ken me per se wil ontmoeten. Als ik de deur van haar kamer open, barst ze in tranen uit. Om de een of andere reden heeft Omar haar geslagen. Om aan de klappen te ontkomen is ze van het balkon gesprongen, hetzelfde balkon waarvandaan ik enkele jaren eerder ben gevlucht. Ik denk terug aan al die jaren waarin ik mijn verblijfsvergunning zorgvuldig in mijn onderbroek verstopte, uit angst dat hij haar zou verbranden.

Het is duidelijk dat Omar niets is veranderd...

In 1975 biedt het postkantoor me een woning met drie kamers aan. De kinderen zijn groot geworden en ik ben verheugd dat de meisjes en de jongens een eigen kamer krijgen. Maar er is een probleem: er zit geen beveiliging op het toegangshek. De angst blijft me achtervolgen, ondanks het comfort en het plezier dat ik heb met de kinderen.

Op een vrijdag word ik midden in de nacht gewekt door de bel. Eén keer, twee keer... Ik loop naar de voordeur. Mijn dochters Nadia en Jamila blijven dicht bij me. Ze zijn de hel van vroeger niet vergeten en worden wakker van het geringste geluid. Alle drie zijn we doodsbang.

'Wie is daar?' vraag ik.

Maar ik weet het antwoord al.

'Ik ben het, Omar,' klinkt het zachtjes van achter de deur. 'Kom, ik moet je iets zeggen. Leg je oor tegen het slot zodat ik met je kan praten.'

'Ik zit klaar,' zeg ik terwijl ik iets vooroverbuig.

De woorden zijn nog maar net mijn mond uit of, tsjak!, een lange metalen pin wordt met kracht door het slot geduwd. De punt stopt enkele centimeters van mijn gezicht. Als ik mijn oor op die plek had gehouden, zoals hij wilde, had hij mijn schedel doorboord.

'Ik hoop dat ik je koud heb gemaakt,' brult hij en hij lacht sardonisch.

Hij is stomdronken. Ik antwoord niet. Na een paar seconden zie ik een vloeistof onder de deur door stromen. De smeerlap staat te plassen.

Ik besluit een aanklacht in te dienen. Maar eenmaal op het bureau begint hij ten overstaan van de agenten te huilen. Hij zweert dat hij niets heeft gedaan, dat ik alles heb verzonnen. Uiteindelijk wordt hij vrijgelaten.

Enkele dagen later keer ik na mijn werk terug naar huis. Het is woensdag en de kinderen hebben de dag in het appartement doorgebracht. Als ik in mijn slaapkamer kom, lijkt het of daar de apocalyps heeft plaatsgevonden. Alles is kapot, aan stukken gesneden met een mes. De matras, de gordijnen, mijn kleren, mijn platen, alles is vernield.

Ik ren naar de woonkamer waar de kinderen rustig televisie zitten te kijken. 'Maar wat is hier gebeurd? Wat hebben jullie gedaan?'

'Niets,' antwoorden ze.

'Hoezo, niets? Alles is kapot, zelfs mijn platen van Elvis Presley.'

'Ik weet van niets. Papa was er,' zegt Nadia. 'Hij zei dat hij even wilde rusten in je kamer.'

Vanaf dat moment leven we als opgejaagde dieren, altijd bang dat Omar weer verschijnt. De kinderen zijn op van de zenuwen. Op een dag kom ik iets vroeger thuis dan normaal. Ze zitten tegen elkaar aan gedrukt, trillend van angst. 'We dachten dat het papa was,' legt Zacarias uit. 'Mama, als hij ons vindt, gaat hij ons dan vermoorden?'

Ik barst in tranen uit. Zo kan het niet langer.

Op een avond, als ik van mijn werk naar huis loop, zie ik zijn busje geparkeerd staan, op een onopvallende plek en uit het zicht. Hij is er, hij is in mijn huis, ik voel het.

Ik ga naar de eerste de beste telefooncel en bel in paniek de politie. Ik vraag ze mij naar huis te begeleiden.

Als we in de gang voor mijn deur staan, laat ik de agenten op de deur kloppen. Omar doet open. Hij is heel ontspannen.

'Ja, heren, wat wilt u?' vraagt hij plompverloren.

Hij ziet er helemaal niet uit als de gevaarlijke psychopaat over wie ik de agenten heb verteld. Hij legt uit dat ik niet goed bij mijn hoofd ben en dat dit wel vaker gebeurt. Vertwijfeld keert de agent zich naar mij en vraagt wat deze vertoning te betekenen heeft.

Gelukkig heb ik altijd het vonnis bij me waarin staat dat we sinds 1971 gescheiden zijn. Dat is het bewijs dat Omar geen recht heeft hier te zijn.

De agenten begrijpen dat Omar hen voor de gek houdt en gaan het appartement binnen. Ze vinden de doodsbange kinderen in een hoekje van de woonkamer. Omar wordt in de boeien geslagen en afgevoerd.

Hij wordt veroordeeld tot een boete van vierduizend francs voor huisvredebreuk en, het belangrijkste, hij mag zich niet meer in de wijk vertonen. De rechter draagt hem op ook mij duizend francs alimentatie te betalen. Uiteraard weet ik al bij voorbaat dat ik er nooit een cent van te zien krijg, maar wat doet dat ertoe: ik ben verlost van Omar Moussaoui.

Tenminste, dat hoop ik...

10

Een gelukkige tijd

Het leven in Mulhouse verloopt vredig. Omar en zijn agressieve gedrag lijken vergeten.

Sinds ik een baan heb leg ik geduldig steeds een klein beetje geld opzij. Nu kan ik mijn kinderen eindelijk bieden waarvan ik heb gedroomd: een eigen huis voor ons alleen. Het is het einde van mijn strijd, en een symbool van mijn verbondenheid met dit land. Ik heb een hypotheek voor twintig jaar, maar dat deert me niet: de toekomst ligt voor ons open. Dit kleine huisje zal de veilige haven worden waar mijn kinderen groot worden en uitgroeien tot individuen, in dit land waar iedereen de kans heeft zijn eigen toekomst te kiezen.

Ondertussen genieten we van de kleine geneugten van het familieleven: groepsspelletjes, picknicks in de natuur en soms, als de financiën het toelaten, een bezoekje aan de bioscoop.

Thuis hebben we een ritueel: op zondag installeert het hele gezin zich voor de televisie om naar een serie te kijken. Het is het verhaal van twee broers van wie de een rijk is en de ander arm. De arme wordt lastiggevallen en mishandeld door een gewelddadige, manipulator, een soort Thénardier uit *Les misérables*. Eigenlijk is deze laatste de echte held en de kinderen zijn gefascineerd door dit zwarte, gewetenloze personage. Op een dag, als ik bezig ben met de afwas, roepen de kinderen me: 'Mama, kom snel, "Omar" begint!'

Ze hebben de serie en haar wrede, sluwe hoofdpersoon de naam van hun vader gegeven! Iedereen begint te lachen, maar voor mij is het meer dan zomaar een grap. Ik begrijp dat ze op hun manier het geweld waaraan ze op jonge leeftijd zijn blootgesteld, hebben verwerkt en dat niets ze meer belet voorwaarts te gaan. Op den duur zal Omar uit onze gedachten verdwijnen.

Als ik op een dag door de straten van Mulhouse loop, zie ik een bekend gezicht. Het is een vriendin uit mijn kindertijd, laten we haar Fatima noemen. Ze werkt in een zagerij waar bijna alle arbeiders uit Azrou komen, de stad waar ik vandaan kom. Ik dacht dat ik het leven daar voorgoed achter me had gelaten, maar ben toch blij met de nieuwtjes uit mijn geboortestreek.

Fatima laat me niet meer gaan. Ze is gefascineerd door mijn 'succes', door de manier waarop ik het pad dat voor me was uitgestippeld heb verlaten. Anders dan bij mij was er in haar geval niet echt sprake van een gedwongen huwelijk, maar ze bekent dat er geen liefde in het spel is. Sinds ze in de Elzas is heeft ze zelfs avontuurtjes met andere mannen. Ik ben stomverbaasd.

'Maar waarom?' vraag ik. 'Als je niet van hem houdt kun je toch scheiden, in plaats van overspel te plegen? We zijn in Frankrijk; je mag hier scheiden.'

'Dat kan ik niet,' antwoordt zij. 'Wat zal mijn familie wel zeggen? En bovendien wil ik niet de status krijgen van gescheiden vrouw. Dan heeft niemand respect voor je,' zegt ze, zonder rekening te houden met mijn gevoelens.

Maar ik heb medelijden met haar. Zelfs hier weerhouden de

gewoonten en tradities haar ervan haar eigen leven te leiden en verkiest ze hypocrisie boven vrijheid.

In die periode ontmoet ik Mohammed, die tegenover het post-kantoor werkt. In het begin heb ik niet door dat hij me probeert te versieren. Ik ben alleen maar blij dat ik mijn lunchpauze kan doorbrengen met iemand die vriendelijk en hoffelijk tegen me is. Dat ben ik niet meer gewend. Bovendien staat mijn hoofd nog steeds niet naar een nieuwe man. Maar hij is even geduldig als vastberaden.

Op een zaterdag zit ik in de woonkamer als ik buiten iemand hoor roepen. Ik buig me over de rand van het balkon en zie Mohammed, met een glimlach van oor tot oor: 'Ik wilde je zien,' zegt hij zonder omhaal.

Drie maanden lang spreken we regelmatig af in cafés of restaurants. Wat geniet ik ervan dat iemand me het hof maakt!

Hij is Marokkaan en werkt in de bouw, net als Omar, maar dat zijn de enige overeenkomsten met mijn ex-man. Hij is attent, heeft een open geest en is een echte vleier: op een van onze eerste afspraakjes doet hij alsof hij niet wil geloven dat ik gescheiden ben en vier kinderen heb! Ik moet erbij zeggen dat ik nog geen dertig ben en dat ik, zonder opscheppen, ondanks mijn zwangerschappen heel slank ben gebleven.

Ik was ervan overtuigd dat ik me nooit meer aan een man zou overgeven, maar ik kan er niet omheen: ik ben verliefd. Hij toont me wat echte liefde is, wat kameraadschap en samenzijn bete-kenen. Als ik bij hem ben, voel ik me een prinses: hij kookt, neemt bloemen mee, laat het bad voor me vollopen; ik voel me als herboren. Hij vertelt me onophoudelijk dat hij van me houdt en als hij me aanraakt voel ik rillingen over mijn hele lichaam. Nooit heeft iemand me zo veel aandacht gegeven.

Mohammed wordt al snel geaccepteerd door de kinderen. Ook voor hen betekent het veel dat een man de tijd neemt om met ze te spelen, te praten en ons in het weekend mee te nemen naar Duitsland of Zwitserland. Als we bij hem zijn, leeft het hele gezin op.

Vol trots stel ik hem voor aan mijn collega's en vrienden. Eindelijk kan ik iedereen, en vooral mijn familie, laten zien dat ik er goed aan heb gedaan om me te verzetten, te geloven dat geluk bereikbaar was en de moed niet op te geven. Ik weet dat de tijd waarin ik vooral bezig was mijn leven op orde te krijgen, voorbij is. Nu ik verlost ben van de demonen uit het verleden, kan ik bouwen aan een nieuwe toekomst.

In 1976 krijgt mijn nieuwe leven nog vastere vorm door een gebeurtenis die ik niet meer voor mogelijk had gehouden. Ik krijg een brief die mijn naturalisatie bevestigt. Een eenvoudig papiertje, maar een intens geluk: het is zover, ik ben Française! Dit betekent zoveel voor mij. Zo nu en dan zeiden mijn buren en collega's tegen me: 'Weet je, er was een politieagent die me vragen stelde over jou. Wat voor iemand je bent, hoe het met de kinderen ging.'

Ik wist dat er een onderzoek voorafging aan iedere naturalisatie. Dat is logisch. Dat is wel het minste wat je ervoor over moet hebben. En dat is ook de reden dat ik er nu zo trots op ben dat ik ben geaccepteerd door het land waar ik zo van houd: ik heb het verdiend! Er zit me maar één ding dwars en dat is dat er geen officiële ceremonie is. Het is tenslotte niet niks om Française te worden. Een klein stemmetje in me zegt dat een simpel briefje niet in verhouding staat tot het belang van deze gebeurtenis. Natuurlijk heb ik de banden met Marokko niet helemaal doorgesneden. Mijn land heeft nog steeds een plekje in mijn hart. Ik ben de geuren en de sfeer van mijn dorp, de gastvrijheid van de Marokkanen, het gevoel van gemeenschap en het respect voor ouderen niet vergeten. Maar de waarden die nu de mijne zijn, die ik aan mijn kinderen wil doorgeven, zijn die van de Franse Republiek, en de belangrijkste daarvan is vrijheid.

Een wolkeloze toekomst lijkt zich voor mij uit te strekken. Alles waarvan ik heb gedroomd is uitgekomen. Mohammed heeft me zelfs ten huwelijk gevraagd. Ik heb gezworen dat het nooit meer zover zou komen, maar met hem is het niet meer dan vanzelfsprekend. We hebben onze vrienden uitgenodigd voor een feestmaal en trouwen voor twee imams. We hadden allebei geen zin in een officiële ceremonie, maar met deze vereniging voor God bezegelen we onze liefde.

Helaas ontdek ik al snel dat Mohammed geen man is die genoeg heeft aan één vrouw. Mijn vrienden hadden me gewaarschuwd, maar ik wilde het niet zien. In zekere zin is het mijn vriendin Fatima die me de ogen opent.

Ze komt steeds vaker bij ons langs. Uiteindelijk valt me op dat ze ook komt als ik er niet ben. Als ik er niet meer tegen kan stop ik een briefje in haar brievenbus waarin ik haar verbied nog bij ons thuis te komen.

Twee dagen later belt Mohammed me om te vertellen dat hij die avond bij vrienden zal doorbrengen. Door de toon in zijn stem weet ik dat hij liegt – vrouwen voelen dat aan. Ik stap in de auto en rijd naar Fatima. Ik stop op de parkeerplaats voor haar huis, met gedoofde lichten, en storm als een furie haar appartement binnen zonder te kloppen. Daar is ze, sensueel gedrapeerd op de bank, en hij zit achter haar, de ene hand op haar achterwerk, de andere op haar buik. Bij deze aanblik verlies ik mijn zelfbeheersing. Ik vlieg op hen af, geef Mohammed een klap en sla alles wat ik in het appartement kan vinden kapot.

Is dit dan de prijs die ik moet betalen omdat ik zo dom was opnieuw een man te vertrouwen?

Als ik naar huis terugkeer ben ik buiten mezelf van woede, maar ik probeer me in te houden. Mijn moeder logeert een tijdje bij me en ik wil haar een echtelijke ruzie besparen. Bovendien weet ik al wat haar reactie zal zijn, want ik heb het er al eens met haar over gehad, vroeger, toen ik nog niet wist dat het mij ook zou overkomen. Voor haar is er niets schokkends aan dat een man meer vrouwen heeft. Bedrogen worden, respectloos behandeld worden, dat is geen reden om een man te verlaten. Het is beter een ontrouwe man te hebben dan helemaal geen man! Zo is het nu eenmaal, dat is de traditie. En die argumenten waartegen ik mijn hele leven heb gestreden, kan ik niet meer aanhoren. Maar ik kan tegenover mijn moeder de schijn niet ophouden en uiteindelijk beken ik alles. Het enige wat haar schokt is dat het een bevriende moslima betreft en ze begint voor haar te bidden. Geen woord over het gedrag van Mohammed. Op dat moment besef ik hoe ver onze werelden uit elkaar liggen. Discussiëren is zinloos.

Midden in de nacht komt Mohammed thuis. Hij zweert dat het een vergissing was, dat het niet meer zal gebeuren. Hij is een slechte leugenaar. Hoe heb ik zo naïef kunnen zijn? Ik brand van verlangen zijn spullen op straat te gooien, maar ik houd me in: mijn moeder zou zich vernederd voelen als ik een scène maak in haar aanwezigheid, ook weer vanwege die heilige 'reputatie van de familie'.

Drie maanden lang slaapt Mohammed op de bank in de logeerkamer. Dan geef ik me gewonnen. Waarom houd ik nog steeds van hem?

Ondanks zijn goede voornemens kan hij zich niet aan zijn belofte houden. Al zou hij zweren op zijn leven, op de Koran, op alles wat hem dierbaar is, hij gaat weer de fout in en dat zal hij altijd blijven doen.

Ik heb er genoeg van en vertel mijn moeder dat ik bij hem wegga.

'Niet doen, Aïcha,' antwoordt zij. 'Het is de moeite niet waard. Het is niet meer dan normaal dat hij ontrouw is, hij is een man. Maar in ieder geval houdt hij van je en als je hem verlaat zal je leven als vrouw voor altijd anders worden.'

Ik weet dat ik Mohammed moet verlaten, maar ik kan het niet opbrengen. Tot Nadia de stilte verbreekt. Op een dag, tijdens het eten valt ze uit tegen Mohammed: 'Luister, ik wil niet meer dat je me aanraakt als je me komt wekken,' zegt ze terwijl ze hem recht in de ogen kijkt. 'Blijf maar gewoon in de deuropening staan.'

Er valt een doodse stilte.

Nu kan ik er niet meer omheen. Ik moet de kracht vinden hem te verlaten voordat hij mijn gezin verwoest.

De simpelste manier om hem uit mijn hart te bannen, is verhuizen. Ik vraag de kinderen wat ze ervan vinden als we naar het zuiden van Frankrijk verhuizen. Zacarias is fel tegen. Hij wil geen afscheid nemen van zijn vrienden en zijn voetbalclub. Maar zijn broer en twee zusters zijn voor.

De volgende dag dien ik een verzoek tot overplaatsing in. In afwachting van het resultaat stuur ik Jamila naar een opvanghuis om haar te beschermen tegen Mohammed.

Anderhalf jaar later, op 15 augustus 1980, komen we aan in Narbonne. Op dat moment barst er een verschrikkelijk onweer los.

Slecht voorteken, denk ik, terwijl ik toekijk hoe de bliksem op de stad neerdaalt.

We trekken in een dienstwoning van het postkantoor, in een volkswijk van Narbonne. Voor de kinderen begint een gelukkige tijd. In de zomer gaan ze iedere dag naar het strand met hun nieuwe vrienden. Ik heb zelfs een lening afgesloten om voor ieder van hen een fiets te kopen, en ik ben er trots op dat ik hun kan geven wat mijn familie mij onthield. We maken veel plezier met zijn allen en het leven lacht ons toe. Wat lijkt de tijd waarin we vervuld van angst vluchtten voor een gewelddadige vader en echtgenoot ver weg!

Ik ben gelukkig en heb het gevoel dat niets ons meer kan deren.

Toch word ik hier, in het zuiden, voor het eerst geconfronteerd met racisme. In Bayonne of in de Elzas heb ik nooit ook maar één opmerking gehoord. Maar als ik hier voor het eerst het postkantoor waar ik werk binnenga, is de sfeer gespannen en ben ik me bewust van beklemmende, indringende blikken. Omdat ik vier kinderen heb, verwachtten ze misschien een 'mama' van honderd kilo met een hoofddoek! Nu ik jong en levenslustig blijk te zijn, word ik algauw een bezienswaardigheid. De een na de ander loopt langs mijn bureau. 'Heb je die Arabische al gezien?' vraagt een collega aan zijn vriend, alsof ik er niet bij ben.

'Ik zou mijn werk maar goed doen als ik jou was, want je pikt de baan in van een Fransman,' zegt een ander, zogenaamd als grapje. Ik laat het over me heen komen.

Na een paar weken veranderen de blikken en uiteindelijk accepteren ze me als een gewone collega. Maar toch voel ik dat het hier in het zuiden anders is: ik zie een soort spanning, een soort schaamte in de ogen die mijn blik kruisen. Een vriendin, die denkt me een compliment te maken, zegt op vertrouwelijke toon: 'Als alle Arabieren waren zoals jij, zouden er minder problemen zijn. 'Ik kijk haar glimlachend aan en verander van gespreksonderwerp. Ze bedoelt het niet kwaad, maar hoe kan ik haar duidelijk maken dat wat ze zegt een belediging is? Ten eerste omdat domheid en boosaardigheid niet zijn voorbehouden aan een bepaald ras of een bepaalde cultuur. Denkt ze soms dat Arabieren een andere soort zijn? Ten tweede voel ik me gekwetst omdat ik niet wil dat ze me reduceert tot 'een Arabier', terwijl ik dacht dat ze me gewoon zag als haar vriendin. Heb ik er verkeerd aan gedaan om hier te komen wonen?

De kinderen nemen al mijn twijfels weg. Ze bloeien op onder de zon van Narbonne. Hun geluk verdrijft mijn sombere gedachten en spoort me aan vooruit te kijken.

Het appartement is een beetje te klein voor ons en de kinderen dromen van een huis waar ze allemaal een eigen kamer hebben. Ik besluit dan ook het huis in Mulhouse te verkopen en een hypotheek van vijfentwintig jaar te nemen. Als ik de bank uit loop moet ik mezelf even knijpen om er zeker van te zijn dat ik niet droom: ik, de kleine Marokkaanse die niet naar school mocht, ik ga mijn eigen huis laten bouwen.

Weken, maandenlang maak ik samen met de kinderen ontwerpen voor het huis. Iedereen geeft advies, komt met ideeën. Natuurlijk willen ze allemaal de grootste kamer en iedere beslissing is het resultaat van lange onderhandelingen. Maar diep vanbinnen zijn we allemaal gelukkig en opgewonden bij het idee dat we een huis krijgen dat helemaal van ons is. De bouw begint in mei 1982, in een bijzonder rustige wijk aan de rand van Narbonne. Ik ben de eerste Arabier die daar komt wonen en de weinige buren ontvangen me bijzonder hartelijk.

Vier bouwvakkers werken aan één stuk door en mijn broer Omar Z. komt een tijdje in het appartement wonen om ze te helpen. Ook Mohammed is uit Mulhouse gekomen en al snel zwicht ik weer voor zijn charmes. Om de bouw te betalen stelt hij voor samen een Marokkaanse afhaalrestaurantje te beginnen. 'Vertrouw me,' zegt hij, 'je zult zien dat ik ben veranderd.' Het mocht wat! De winkel wordt al snel zijn jachtterrein en zijn klanten worden zijn veroveringen. Hij behoort tot de mannen die met de Koran zwaaien, maar er een geheim leven op na houden.

Op een dag observeer ik hem langdurig terwijl hij aan het werk is, zonder dat hij het in de gaten heeft. Hij is groot, sterk en straalt ongedwongenheid en een gevoel van welbehagen uit, wat hem zeer verleidelijk maakt. Ik heb nog nooit zulke diepe gevoelens gehad als voor Mohammed en dat zal ongetwijfeld ook nooit meer gebeuren, maar ik heb genoeg van zijn ontrouw. Ik weet dat het einde nadert...

Maar op dat moment is maar één ding van belang: ons huis, helemaal alleen van ons, groot genoeg om aan de wensen van mij en mijn kinderen tegemoet te komen. Voor mij is het veel meer dan zomaar een huis: het is een vesting die ons beschermt tegen de aanvallen van het leven, een nest waar mijn kinderen zich veilig zullen voelen. Mijn strijd is gestreden.

11

Omar verschijnt weer ten tonele

In mei 1982 krijg ik bezoek van iemand die rechtstreeks uit de hel van mijn verleden komt. Mijn ex-man, Omar Moussaoui, wacht me op als ik uit mijn werk kom. Dit kan toch niet waar zijn, begint alles nu weer van voren af aan? denk ik bij mezelf en ik word overvallen door de angst dat ik weer terechtkom in de hel uit een vergeten tijd. Hoe heeft hij me gevonden? Iedereen weet nu toch dat ze hem mijn persoonlijke gegevens niet mogen geven.

'Zie je, ik vind je altijd terug, waar ik wil, wanneer ik wil,' zegt hij met een brede glimlach.

Ik kan er niet om lachen. Ik ken hem te goed om hem in vertrouwen te nemen. Ik heb hem nu zeven jaar niet gezien, maar waarom zou hij veranderd zijn? Hij praat losjes tegen me, alsof het de gewoonste zaak van de wereld is en we elkaar de dag daarvoor nog hebben gezien. Hij legt uit dat hij in de buurt is komen wonen en alleen maar de kinderen wil zien. Ik antwoord koel: 'Je kunt het ze altijd vragen.' Ook de kinderen hebben hem, zijn waanzin en zijn agressie achter zich gelaten. Omar is uit hun leven verdwenen en hij hoeft niets van ze te verwachten. Ik ben ervan overtuigd dat ze hem op een afstand zullen houden, maar hij blijft hun vader en ze zijn nu groot. Het is aan hen om hem te zeggen wat ze echt van hem denken.

We spreken af in het café van Hôtel de l'Alsace, dicht bij het station. Alles doet me denken aan de gelukkige dagen in Mulhouse. De kinderen zijn weinig enthousiast over het idee dat ze hun vader weer zullen zien: 'Hij gaat toch niet weer moeilijk doen?' vraagt Nadia bezorgd.

Als we bij de bar aankomen zijn we gespannen, verkrampt. De kinderen staan voor hem en staren hem aan met een angstige uitdrukking. Hij maakt brede gebaren, lacht hartelijk, omhelst ze en tilt ze op, maar het is niet genoeg om het ijs te breken.

Hij begint weer met zijn charmeoffensief, alsof er niets is gebeurd. Hij geeft ze complimentjes, verleidt ze met duizenden beloften en veinst verbazing: 'Heb ik jullie al zeven jaar niet gezien? Zo lang? Wat gaat de tijd snel! Maar nu ben ik er en wacht maar af, ik zal jullie overladen met cadeaus, jullie krijgen alles wat je wilt.'

Ik heb het gevoel dat ik in de film *Tout feu tout flamme* zit, op het moment dat Yves Montand, die een gokverslaafde speelt, terugkomt om zijn dochters te zien. Dat is het: Omar is het personage van Yves Montand, maar dan zonder geweten.

En het werkt. Langzaam laten de kinderen hun waakzaamheid varen en ontspannen ze zich. Hij gaat maar door met bluffen en belooft ze gouden bergen.

Met lood in de schoenen keer ik twee uur later terug naar huis. Alleen: de kinderen wilden nog even bij Omar blijven.

Rond elf uur 's avonds zijn ze nog niet terug. Ik sta doodsangsten uit. Omar is ertoe in staat om ze in de auto te zetten en ze onder dwang ik weet niet waar naartoe te brengen. Vlak na middernacht komen ze eindelijk binnen. Zonder een woord tegen me te zeggen. Uit hun gesprekken maak ik op dat Omar ze heeft meegenomen naar een bar, met inbegrip van Zacarias, die nog maar veertien is. Het is zover, de hele ellende begint van voren af aan, denk ik bij mezelf terwijl ik hen hoor giechelen voordat ze in slaap vallen.

De kinderen laten zich volledig inpalmen door hun vader, die zich blijft uitsloven en hun liefde koopt door ze mee te nemen naar trendy cafés. Ze vergeten dat deze man hen heeft verlaten, geslagen, vernederd. Het enige wat nu telt zijn de bars, de nacht-clubs die hij ze laat zien... Het zijn adolescenten en Omar profi-teert daarvan om bij ze in de gratie te komen. Hij spoort ze aan in opstand te komen, verboden te negeren. Hij stimuleert ze om te roken, alcohol te drinken, hun huiswerk te verwaarlozen. En het verraderlijke is dat hij ze wijsmaakt dat ze nu groot genoeg zijn om zich aan mijn gezag te ontworstelen. Kortom, hij geeft ze de illusie dat hij de wind van vrijheid in hun leven laat waaien.

De slechte invloed van Omar werpt al snel vruchten af. Er zijn maar een paar weken voor nodig om ons gezinsleven overhoop te halen. Na school gingen de kinderen altijd naar de studieklas of naar een oud-onderwijzeres om hun huiswerk te maken, maar nu gooien ze zodra ze thuis zijn hun schooltas op de grond en vertrekken ze meteen weer naar hun vader.

Ook de maaltijden zijn anders. Tot dan toe waren het momen-ten van lange gesprekken. Iedereen vertelde over zijn of haar dag, we lachten, de kinderen staken elkaar naar de kroon met geesti-ge opmerkingen. Nu verloopt de maaltijd in stilte en is hij na enkele minuten voorbij. Het appartement is een hotel geworden. Ze kijken met een andere blik naar me. Ze zien me niet meer als hun moeder, maar als een lastige ouderwetse, belerende, autori-taire persoon die alleen maar goed is om de was te doen.

Op de dag van onze verhuizing, 19 november 1982, is het ijskoud. Ik heb al mijn hoop op dit huis gevestigd, mijn hele hart ligt erin, en nu, nog voordat ik binnenga, voel ik dat het zijn belangrijkste element heeft verloren: zijn ziel. We zijn met zijn allen bij elkaar, maar niets is meer zoals het was.

Ik word een vreemde in mijn eigen huis. De rollen zijn omgedraaid. Ze noemen me niet meer mama, maar Aïcha, en degene voor wie ze zo lang bang waren en van wie ze nachtmerries kregen, noemen ze nu papa.

Omar voedt hun geest met haat en boosaardigheid. Alle kameraadschap die ze voor mij voelden, is verdwenen en ze tonen geen enkel respect meer. Ze praten bijna niet meer met me.

'Waarom zouden we je in dit huis helpen?' bijt Jamila me op een dag toe. 'Je hebt het gebouwd met het geld van de kinderbijslag en het staat alleen op jouw naam!'

Mijn mond valt open. Achter deze verwijten herken ik de bitterheid van Omar. Een herinnering dringt zich op. Enkele maanden eerder ontving ik een brief van school, waarin stond dat Jamila en Abd-Samad spijbelden.

'Ik kan je niet verbieden ze te zien,' zeg ik tegen Omar, 'maar pas op, want je bent bezig hun leven te verwoesten.'

'Maar waarom denk je dat ik ben gekomen?' antwoordt hij uitdagend. 'Ik ben van plan alles kapot te maken wat jij hebt opgebouwd!'

Als ik zie hoe mijn kinderen zich tegen me afzetten, vrees ik dat hij daarin zal slagen.

Nadia is zijn eerste slachtoffer. Omdat ze erg van toneel houdt, overtuigt Omar haar ervan dat ze zich moet inschrijven bij de toneelschool Florent in Parijs. 'Ga naar Parijs, maak je droom waar,' herhaalt hij steeds weer.

Omar verschijnt weer ten tonele

Ik probeer verzet te bieden; ik vind haar te jong. Maar zij barst van levenslust en wil haar vleugels uitslaan. Ik ken die honger naar vrijheid, ik heb het recht niet haar tegen te houden.

'Maak je geen zorgen, ik kom je opzoeken, ik zal alles voor je betalen,' zegt Omar tegen haar. Uiteraard betaalt hij niets en ben ik degene die opdraait voor de kosten van haar verhuizing naar Parijs.

Helaas krijg ik enkele maanden later slechte berichten van Nadia: haar vader heeft haar in de steek gelaten en nu ze in haar eentje in moeilijke omstandigheden moet zien te overleven, verandert haar droom al snel in een nachtmerrie. Haar zachtaardigheid wordt vermorzeld door de hardheid van het leven.

Ik dacht dat de jongens van het sombere verhaal van Nadia zouden leren dat je op Omar niet kunt rekenen, dat ze hun vader maar beter niet kunnen vertrouwen. Maar het lijkt wel of hij ze heeft gehypnotiseerd. Ik maak me zorgen over hen.

Op een ochtend vat ik de moed op om er met Jamila over te praten.

'Wat is er met ze aan de hand? Ze gedragen zich anders dan normaal,' zeg ik tegen haar.

'Dat komt omdat ze vaak met papa uitgaan.'

'Gaan ze uit? Waar dan?'

'Nou, je weet wel, naar een stripteaseclub,' zegt ze alsof het de gewoonste zaak van de wereld is.

Ik geloof mijn oren niet. Omar neemt zijn zoons mee naar bars waar naakte vrouwen dansen! Dat verklaart waarom Zacarias volkomen in de war is.

'Maar Zak is nog maar veertien!' zeg ik geërgerd. 'Hij mag daar niet eens naar binnen.'

'Omar kent de portier,' legt ze uit. 'Hij stopt hem wat geld toe en hup...'

Ik ben verbijsterd. Wat kan ik doen? Praten met Omar is onmogelijk: ik weet dat hij er nog een schepje bovenop zal doen, alleen maar om mij te ergeren.

Ik ga naar de kamer van Abd-Samad.

'Dus jullie leven je lekker uit in nachtclubs,' zeg ik op ironische toon.

'O, je gaat toch niet weer moeilijk doen, hè?' reageert hij verveeld.

'Het gaat om het principe, jullie zijn te jong.'

'Ach, laat me nou maar met rust,' zegt hij terwijl hij de kamer uit loopt zonder me aan te kijken.

Het vertrek van Nadia naar Parijs heeft grote gevolgen voor het leven in huis. Omdat zij de oudste was en gezag uitstraalde, verving ze mij in zekere zin als ik er niet was. Nu is het ieder voor zich.

De kinderen zeggen zelden iets tegen me, en als ze dat doen is het om me te treiteren. Ze bellen me op vanuit een bar of een nachtclub, om te vertellen hoe 'geweldig' ze het naar hun zin hebben met hun vader.

Op een avond gaat heel laat de telefoon. Het is Jamila. 'Ik ben bij papa en ik wilde je zeggen dat ik bij hem ga wonen.'

Ze klinkt uitgelaten. Op de achtergrond hoor ik het rumoer van te harde muziek en mensen die schreeuwen om zich verstaanbaar te maken. Ze zit ongetwijfeld in een nachtclub. Dat ze me van zo'n plek belt om me dit nieuws te vertellen, schokt me: 'Veel geluk, ik hoop dat alles goed gaat.'

'Denk maar niet dat jij het middelpunt van de wereld bent,' bijt ze me toe voordat ze ophangt.

De volgende ochtend haalt Omar de kamer van Jamila leeg.

Deze keer is het hem gelukt: hij had er maar een paar maanden voor nodig om de kinderen tegen mij op te zetten en mijn gezin te verwoesten. Natuurlijk, ik heb veel gewerkt om ons uit de problemen te halen en misschien hadden ze liever gehad dat ik wat vaker thuis was. Maar ik moest wel voor vijf mensen geld verdienen! Het is ook waar dat ik soms streng tegen ze was, maar is dat voldoende reden om me zo de rug toe te keren? Wat had ik anders moeten doen als alleenstaande moeder met vier kinderen? Vormen gezag en respect niet de basis van opvoeding? Ik wilde niet dat ze aan zichzelf overgeleverd zouden zijn en hun toekomst zouden vergooien. En toch is dat precies wat er aan het gebeuren is. Waarom zien ze niet dat Omar overal waar hij komt niets dan ongeluk brengt?

Nog geen maand later word ik midden in de nacht wakker van een telefoontje van Omar.

'Ik heb genoeg van je dochter, kom haar maar halen.'

'Jij wilde haar in huis, houd haar dan maar,' zeg ik tegen hem en ik hang op.

Hij heeft ontdekt dat Jamila geen gedienstig Marokkaans meisje is. Ze is geen slaaf die het eten maakt, het huishouden doet en afwast. Ze is een adolescent die in Frankrijk is opgegroeid en die wil leven en plezier wil hebben, zoals alle meisjes van haar leeftijd.

Enkele dagen later brengen politieagenten haar terug. Omar heeft haar geslagen, de jurk die hij haar had gegeven van haar lijf gescheurd en haar vervolgens de deur uit gegooid, als een vuilniszak die je op straat zet.

In 1985 krijg ik eindelijk een sprankje hoop. Omar wordt veroordeeld voor diefstal. Hij mag zich niet meer in het departement vertonen. Hij verdwijnt uit ons leven zoals hij gekomen is, als een dief in de nacht.

Het zal moeilijk worden om de brokstukken van ons gezin te lijmen, maar het is alsof de kinderen voelen dat ze te ver zijn gegaan en iedereen probeert zijn steentje bij te dragen. Tijdens de maaltijden – mijn favoriete momenten – vliegen opnieuw de woordspelingen over en weer, klinkt gelach en worden blikken van verstandhouding gewisseld. Ik geniet met volle teugen nu ik weet dat het geluk zo weer voorbij kan zijn.

Abd-Samad en Zacarias gaan niet meer uit. Ze gedroegen zich altijd al als tweelingbroers, maar nu lijken ze wel een Siamese tweeling. Met hun vader hebben ze zo veel dingen gezien en meegemaakt waar ze nog te jong voor waren, dat ze volwassen zijn geworden. Ze zijn oudere adolescenten, die zich aangetrokken voelen tot meisjes en graag op stap gaan met vrienden uit de buurt.

Op een dag vertelt Abd-Samad dat ze video's gaan kijken bij een vriend. Ik ben er niet helemaal gerust op. Ik weet hoe gemakkelijk hij te beïnvloeden is, vooral sinds de episode met Omar, en ik ben bang dat hij verkeerde vrienden heeft.

'Wacht,' zeg ik, 'ik ga een videorecorder kopen zodat je thuis kunt kijken.'

Ik dacht dat hij me zou bedanken, want een videorecorder is tenslotte niet goedkoop, maar in plaats daarvan verlaat hij mopperend het huis. Ik had nog niet begrepen dat mijn kinderen de pornofilm al hebben ontdekt...

Door mijn werktijden kan ik niet zo vaak bij ze zijn als ik zou willen. Ik moet erbij vertellen dat ik tot in 1985 bijna ieder weekend in het Marokkaanse afhaalrestaurantje werk dat Mohammed nog steeds draaiend houdt.

Als ik er niet ben wordt het huis een honk voor hun vrienden. Bij thuiskomst zie ik vaak rook uit hun kamer ontsnappen. Als

Marokkaanse ken ik de geur van hasj. Moeders weten dat het geen zin heeft om een adolescent rechtstreeks ergens op aan te spreken. Dus zeg ik terloops: 'Het ruikt hier niet lekker, wat is dat voor geur?' in de hoop dat de boodschap overkomt.

Maar meestal doen ze alleen de deur dicht of zeggen ze: 'Niks aan de hand, mama, laat ons nou maar.'

Ik ben volledig van slag. Waarom hebben ze zo weinig respect voor me? Zijn het gewoon lastige pubers of ontstaat er weer een kloof tussen hen en mij?

De eindeloze telefoongesprekken en de uren die ze doorbrengen onder de douche, wijzen erop dat de meisjes hun intrede doen in hun leven. Abd-Samad is een rokkenjager, net als zijn vader. Hij gaat van de een naar de ander en ik begrijp uit de gesprekken met zijn broer dat hij soms zelfs een paar vriendinnetjes tegelijk heeft.

Zacarias is zijn tegenpool. Sinds we in het huis zijn getrokken, heeft hij verkering met een lief en mooi meisje – ik noem haar Delphine want ze is nu een jonge moeder die vast niet graag aan pijnlijke gebeurtenissen in het verleden wil worden herinnerd. Hun idylle doorstaat alle beproevingen, alle veranderingen in het leven van Zacarias. Natuurlijk wil hij lol hebben en gaat hij graag naar de nachtclub, maar ik constateer met trots dat hij trouw is en dat hij zijn vriendin met veel tederheid en respect behandelt, kortom, dat hij niet het haantjesgedrag heeft geërfd waartegen ik mijn hele leven heb gestreden.

Mijn vier kinderen voelen zich overigens boven alles Frans. Op een dag horen ze op de televisie een minister over integratie praten. De jongens worden boos en zeggen: 'Hoezo integreren? Ik ga naar school, ik sport, ik ben Frans!'

En het is waar dat ik sinds ze klein waren mijn best doe om ze dezelfde opvoeding te geven als hun vrienden die 'van oorsprong' Frans zijn. Zak speelt handbal, Abd-Samad voetbal, Nadia zat op toneel en Jamila op dansles; ik heb ze ingeschreven voor een studie, ik houd in de gaten met wie ze omgaan, 's avonds leveren we gezamenlijk commentaar op het journaal. Kortom, ik doe alles om Franse burgers van ze te maken, om ervoor te zorgen dat ze goed in hun vel zitten, dat ze niet worden uitgesloten van of botsen met de maatschappij waarin ze leven. Ik hoop dat ze daardoor in staat zijn hun eigen weg te gaan, in volledige vrijheid, niet gestuurd door de normen van een gemeenschap, een traditie of een religie. Thuis hebben we de Koran en de Bijbel. Ik wil ze vooral niet in een bepaalde richting duwen.

In mijn familie was iedereen praktiserend moslim en mijn grootvader was imam, maar niemand dwong de kinderen hun voorbeeld te volgen. Wat mijn familieleden me ook hebben aangedaan, ze hebben me nooit gedwongen te bidden. Daarom wil ik het mijn kinderen ook niet verplichten. Religie is iets persoonlijks en intiems. Niemand heeft iets met mijn religieuze beleving te maken, ook mijn kinderen niet. Ze zijn dan ook wereldlijk opgevoed. Ik ben tenslotte niet naar een vrij land gekomen om hen te dwingen op een bepaalde manier te denken. Ze mogen zelf kiezen als ze ouder zijn. Ze zijn vrij om later Franse moslims te worden als ze dat willen, net zoals er Franse katholieken zijn, Franse joden en gewoon Fransen. Het belangrijkste is dat ze voor alles Frans zijn.

Toen ze klein waren liet ik ze een 'mini-ramadan' doen. Ik zei: 'Vanmiddag vast je en over twee dagen weer, en later verbinden we die twee stukjes ramadan.' Voor hen was het vooral een spel. Maar toen ze groter werden hielden ze ermee op. En omdat ik me sinds mijn maagoperaties ook niet meer aan de ramadan hield, verdween de religie uit ons leven. Zelfs in die mate dat ze het me vaak kwalijk nemen dat ik nooit worstjes of ham koop.

'In de kantine hebben ze tenminste alles,' zeggen ze regelmatig.

'Het is niet dat ik niet wil, maar ik denk er niet aan. Zo is het nou eenmaal, zo ben ik opgevoed,' antwoord ik iedere keer.

En hun reactie is altijd dezelfde: 'We zijn hier in Frankrijk, niet in Marokko. Wat hebben wij daarmee te maken! Religie is een verzinsel van oude mensen!'

Marokko zit in hun hart, maar niet in hun hoofd. Ze zijn er tweemaal geweest, in 1974 en in 1977, maar ze hebben er geen band mee. De starheid en hardheid van het leven daar doet ze inzien dat ze in Frankrijk thuishoren en nergens anders. Al hun vrienden uit de buurt zijn Frans en het is voor hen onvoorstelbaar dat iemand ze niet als Fransen zou beschouwen.

12

De eerste wonden van Zacarias

In 1988 is Zacarias twintig. Zijn relatie met Delphine duurt al zes jaar. Ik vind het ontroerend om te zien dat ze nog steeds zo verliefd zijn en ik twijfel er niet aan dat zij de vrouw van zijn leven is.

Toch bemerk ik een verandering in hun houding. Ze lopen minder te koop met hun liefde, omhelzen elkaar minder vaak. Ik vraag Zacarias ernaar, maar hij weigert antwoord te geven: 'Niks aan de hand, niks aan de hand,' zegt hij iedere keer.

Uiteindelijk vraag ik het aan Jamila. 'Gaat het niet goed tussen Zacarias en Delphine?'

'Nee, dat is het niet, er is iets anders aan de hand.'

Ze wil er verder niets over zeggen, maar ik dring net zo lang aan tot ze me alles vertelt. En wat ik hoor verscheurt mijn moederhart.

Op een dag staan Zacarias en Delphine voor haar huis met twee vrienden te praten. Zacarias heeft zijn arm teder om het middel van Delphine geslagen. Plotseling horen ze een man tegen hen schreeuwen vanuit de tuin. Het is de vader van Delphine: 'Hé, jij daar, laat mijn dochter los! Denk maar niet dat je ooit met mij aan één tafel zult zitten! Je zet geen voet in dit huis!' roept hij.

De eerste wonden van Zacarias

Zacarias voelt zich vernederd ten overstaan van zijn vriendin en zijn vrienden, maar hij kan niets terugzeggen. Verslagen loopt hij weg. Hij is te trots om er met mij over te praten, maar ik weet dat hij diep gekwetst is. Vanaf dat moment haalt een vriend Delphine op zodat haar vader niets vermoedt.

Hij is er zo trots op dat hij in Frankrijk woont en nu wordt hij ingehaald door platte domheid. Hij heeft al eerder met racisme te maken gehad, maar ik doe er altijd luchtig over: 'Ach, weet je, idioten heb je overal. Op mijn werk zitten er ook een paar, maar je moet er geen aandacht aan besteden.' Ik wil hem geen negatieve ideeën aanpraten en hem verre houden van de gewelddadige conflicten van volwassenen.

De eerste keer was hij pas elf.

Op een dag komt hij met een gebroken tand uit school. 'Ik heb gevochten met vrienden die me "vieze neger" noemden,' zegt hij. Op dat moment besteedde ik er niet veel aandacht aan. Op die leeftijd zijn kinderen erger dan racisten. Als hij dik was geweest of maar een oog had gehad, hadden ze hem ook uitgescholden, gewoon omdat hij anders was. Ik was me niet bewust van het gevaar van racisme voor een kind dat zo gevoelig is als Zacarias.

Later versterkt een andere gebeurtenis zijn gevoel van onrechtvaardigheid. Hij zit in de derde klas van de middelbare school en het schooljaar loopt ten einde. Hij komt thuis met een gezicht als een donderwolk, gooit zijn tas op de grond en beent rechtstreeks naar zijn kamer.

'Wat is er?' vraag ik.

'Ze willen me niet naar het atheneum laten gaan. Ze willen me naar het lager of middelbaar beroepsonderwijs sturen. Alleen omdat ik Arabisch ben,' verzucht hij.

Zacarias is een uitstekende leerling. Voor bijna alle vakken scoort hij gemiddeld, er is geen enkele reden dat hij niet naar het atheneum kan. Ik wil er het fijne van weten en we maken een afspraak met de leraren.

Ze laten ons wachten op een bankje in de gang. De deur staat open en we horen ze discussiëren: 'Wie is er nu aan de beurt?'

'Moussaoui.'

'Wat is er met hem?'

'Hij wil niet naar het middelbaar beroepsonderwijs, hij wil...'

'O jé, ze willen steeds meer,' verzucht een van hen.

Zacarias stoot me aan met zijn elleboog en kijkt me aan met een blik die zegt: zie je wel, ik zei het je toch.

We slagen er niet in de leraren van gedachten te laten veranderen. Op weg naar huis is Zacarias humeurig. Ik weet dat hij gekwetst en vernederd is. Ik neem mezelf kwalijk dat ik hem niet heb kunnen voorbereiden op dit soort gedrag of hem ertegen in bescherming heb kunnen nemen.

We praten niet meer over deze gebeurtenis. Zacarias heeft overigens besloten wraak te nemen: hij is van plan niet alleen zijn diploma middelbaar beroepsonderwijs te halen, maar ook het atheneum en vervolgens een diploma in het hoger beroepsonderwijs! Het lijkt wel of deze gebeurtenis hem alleen maar meer motiveert.

Enkele jaren later vieren we inderdaad het behalen van zijn *bac*. Hij is de eerste in het gezin die het diploma haalt. Ik heb tranen in mijn ogen van trots. Na alles wat we hebben doorstaan, heeft hij toch alle troeven in handen om te slagen in het leven. Als ik naar hem kijk terwijl hij van zijn champagne nipt, zie ik een gelukkige, stralende jongeman die zich niet laat tegenhouden door kil racisme.

Daarom schrik ik zo van het verhaal van Jamila. Ik bid dat hij deze vernedering vergeet, dat dit incident niet de wonden uit het verleden openrijt of zijn hart vult met haat.

13

De ommekeer

1990. De rust is van korte duur. Als ze hun einddiploma op zak hebben, veranderen de kinderen weer.

Zonder man in huis die grenzen stelt, raken ze weer in de greep van hun kwelgeesten, net als in de tijd dat hun vader ze in zijn macht had. Het begint met gefluister dat stilvalt als ik in de buurt ben. Later doen ze gewoon alsof ik niet besta. Opnieuw zien ze me niet meer als hun moeder, maar als een lastig dienstmeisje. Wat is er gebeurd? Ik begrijp niet waarom ze zo weinig respect voor me hebben, waarom ze me zo minachten.

Er blijven voortdurend vrienden slapen. Het huis wordt een hotel, hun kamer een kroeg die blauw staat van de rook. Ze komen er alleen uit om te vragen: 'Krijgen we nog wat te vreten of hoe zit dat?'

Het is duidelijk dat deze opstand tegen mijn gezag een min of meer bewuste manier is om me te laten boeten voor de afwezigheid van een vader. Ze beseffen niet dat ze als Omar er wel geweest was, hun school niet hadden kunnen afmaken. Dat ze dieven, straatschoffies of op zijn best klaplopers zouden zijn geworden.

Het lijkt wel of ik hun vijand ben geworden, alsof ze een strijd

met me voeren om de macht in huis. Hun blikken en hun neer-
buigende houding komen harder aan dan een vuistslag. Al snel
negeren ze me volkomen, behalve als ze me hun was komen
brengen of honger hebben. Wat doet het pijn om mijn kinderen
vreemden te zien worden!

Omdat er geen man in huis is, heeft Abd-Samad het idee dat hij
mij bevelen kan geven. Hij denkt dat hij oud genoeg is om de
scepter over het gezin te zwaaien. En Zacarias laat hem zijn gang
gaan, alsof het de normaalste zaak van de wereld is. Ik voel me
vernederd, maar ik ben er de persoon niet naar om over me heen
te laten lopen! Als ik eraan denk hoe ze als kind bij mij bescherming zochten tegen hun vader... Ik weet dat je van kinderen geen
dankbaarheid mag verwachten, dat je ze alleen maar kunt helpen groot te worden en dat de rest in Gods hand ligt, maar toch,
dit gaat te ver!

De spanning loopt steeds verder op en er zijn steeds meer
ruzies: ik weiger te buigen voor hun arrogantie en zij weigeren
mij het respect te tonen waar een moeder recht op heeft. We
groeien steeds verder uit elkaar en worden vreemden voor elkaar
in ons eigen huis.

Al snel wordt de situatie onhoudbaar. Door de spanning zijn de
financiële problemen nog moeilijker te verdragen. Ze zijn
tweeëntwintig en drieëntwintig jaar oud, maar ze steken geen
hand uit en doen nooit boodschappen. En toch verdienen ze hun
eigen geld. Naast hun baantje als surveillant op school werken
ze zo nu en dan bij de post of voor een uitzendbureau. Maar ze
geven al hun geld uit aan nachtclubs en kleding.

De maat is vol. Collega's raden me aan een radicale beslissing te
nemen. Ik zeg tegen Abd-Samad: 'Of je helpt mee in huis of je
vertrekt.'

Ik had nooit gedacht dat het zover zou komen. Als ze me zo nu en dan hadden geholpen of me gewoon een beetje respect hadden getoond, zou ik hun uitspattingen door de vingers hebben gezien. Ik kan er niet meer tegen dat ze de spot met me drijven en alleen nog parasiteren. Ik geef ze vijftien dagen bedenktijd. Maar ze nemen mijn ultimatum niet serieus.

'Droom maar lekker verder!' zegt Abd-Samad spottend.

Later vang ik een gesprek op tussen de twee broers. Abd-Samad lijkt ervoor te kiezen me te helpen in het huishouden, maar deze keer is het Zacarias die zich krachtig verzet.

'Geen sprake van! Als we iets voor haar doen, raakt ze eraan gewend,' zegt hij tegen zijn broer.

Een week later gaat Abd-Samad met zijn vriendin een weekend naar Parijs. Als hij terugkomt laat hij zijn broer alle kleren zien die hij heeft gekocht terwijl Zacarias vertelt over zijn weekend aan zee met zijn vriendin.

Het voelt als een provocatie. Niet alleen willen ze niet helpen in huis, ze kopen ook nog merkkleding en overnachten in chique hotels... Mijn bloed kookt. Ik klop op de deur van Abd-Samad. Ze zitten allebei te roken.

'En, hebben jullie nagedacht?'

Abd-Samad springt op, loopt naar me toe en duwt me achteruit met zijn hand plat tegen mijn keel gedrukt: 'Nu is het genoeg,' zegt hij luid, 'als je gezondheid en je rust je lief zijn, laat je ons alleen, nu.'

Zijn arrogantie, zijn dreigement hebben op mij het effect van een elektrische schok. Ik zet de deur wijd open en schreeuw dat dit mijn huis is en dat ik niet bang voor ze ben.

'Moet je jezelf nou eens zien?' antwoordt Abd-Samad met een minachtende blik.

De ommekeer

Ik word overspoeld door blinde woede. Nu zijn ze te ver gegaan. Ik kijk ze doordringend aan met een blik die wil zeggen: ik was niet bang voor jullie vader en ik ben zeker niet bang voor jullie.

Het is donderdag. Nog dezelfde dag ga ik naar kantoor om de komende vier dagen vrij te vragen. Op de terugweg ga ik langs het politiebureau om na te vragen of ik in mijn recht sta.

Zoals te verwachten was, gaan ze het hele weekend op pad. Ze weten dat ik als ik boos ben de kracht heb van tien Aïcha's.

In één dag heb ik al hun spullen buiten de deur gezet. Hun bedden, hun bureaus, hun boeken, hun kleren, ik laat niets liggen. Dan ga ik weer naar binnen, sluit de luiken en vergrendel de deuren. Jullie wilden weten waar ik toe in staat ben, zeg ik bij mezelf, nou, nu weet je het. Ze begrijpen niet dat ik mijn hele leven heb gevochten om respect te krijgen en dat ik niet van plan ben me te laten vernederen door mijn eigen zonen!

Als ze aan het einde van het weekend terugkomen, hoor ik alleen maar hun geschreeuw. Ik had nooit gedacht dat zonen hun moeder zo konden beledigen, in zulke grove, obscene termen.

Op dat moment ben ik eerder kwaad dan verdrietig. Ik heb niet het gevoel dat ik mijn zonen heb verloren. Ik was ze al kwijt op het moment dat ze me niet meer met respect behandelden.

Enkele weken later, in de zomer van 1990, krijg ik een telefoontje van mijn broer Omar Z. Hij vraagt of ik me over mijn nichtje Fouzia wil ontfermen. Eerst weiger ik. Ten eerste omdat ik op reis moet naar Turkije, maar ook omdat ik niet meer garant wil staan voor een familie die me alleen maar gebruikt. Het is iedere keer hetzelfde: ze kloppen bij mij aan en ik moet overal voor zorgen. Ik moet de papieren regelen, voor ze koken en ze onderdak bieden tot ze werk vinden. En een bedankje kan er niet af.

Deze keer schijnt het anders te zijn. Fouzia bezit de vereiste papieren en komt om te studeren, niet om hier te wonen. Ik ga overstag.

Ik begrijp dat Fouzia vooral wil ontsnappen aan een omgeving die haar verstikt en haar niet de kans geeft zich te ontplooien. Urenlang vertelt ze me over haar leven, tot in de intiemste details. De normen in Marokko zijn onmiskenbaar veranderd sinds mijn vertrek vijfentwintig jaar geleden, maar tradities en de mening van anderen wegen nog steeds even zwaar. Ik herken mezelf een beetje in wat ze me vertelt en ik krijg medelijden met haar.

'Ik zou mijn neven graag zien,' zegt ze.

'Dan moet je naar mijn dochter Jamila gaan, ik weet niet wat ze uitvoeren.'

'Bel je ze nooit?' vraagt ze.

Ik leg haar uit hoe het zit en zeg dat het aan hen is om de eerste stap te zetten, en niet omgekeerd. Ik heb ze op de wereld gezet, ik ga toch niet voor hen op de knieën! Soms vind ik de situatie zo pijnlijk dat ik doe of ik ze niet zie als ik ze op straat tegenkom.

Een jaar lang weet ik niets meer over ze dan wat Fouzia en mijn dochter Jamila me vertellen. Zo verneem ik dat Zacarias nu in een studentenhuis in Montpellier woont, waar hij elektronica studeert.

Fouzia ziet ze steeds vaker. Haar gedrag wekt mijn verbazing en ik begin te vermoeden dat ze iets in haar schild voert. Zij is degene die me overhaalt Abd-Samad weer in huis te nemen als hij in 1991 aan het einde van het collegejaar geen onderdak heeft. Tijdens de zomer hangt er in huis een vreemde sfeer. We mijden elkaar niet, maar het is alsof we huisgenoten zijn, geen moeder en zoon.

De ommekeer

Na de vakantie gaat Abd-Samad met Fouzia druiven plukken om wat geld te verdienen. Ze vertrekken als twee vrienden, maar ze keren terug als een stel. Nadat ze eerst haar aandacht op Zacarias had gericht is ze er uiteindelijk in geslaagd Abd-Samad te veroveren. Ondanks ons conflict heb ik medelijden met hem.

Is hij in de val gelopen, zoals zo veel Fransen die denken liefde te hebben gevonden maar alleen maar dienen als paspoort? Hun relatie heeft algauw tot gevolg dat mijn zoon en ik nog verder uit elkaar groeien. En dat is te merken: de sfeer in huis verslechtert razendsnel. Fouzia is niet meer het gedienstige jonge meisje dat ze was, en Abd-Samad begint me weer als huishoudster te behandelen. 'Je hebt ons opgevoed als meisjes. Je liet ons afwassen en zo, maar nu is dat voorbij,' schreeuwt hij me op een dag in het gezicht. Nog geen week na hun terugkomst vertrekken ze weer, zonder een woord, zonder verklaring.

Wat later vertelt Jamila dat Zak van plan is naar Engeland te verhuizen. Hij heeft zich ingeschreven bij een internationale businessschool in Londen om zijn Engels te verbeteren. Hij vertrekt na de zomervakantie van 1992, zonder afscheid te nemen, zonder achterom te kijken. De breuk met mijn twee zoons is definitief.

Op dat moment weet ik niet of ik ze op een dag zal weerzien. Misschien zullen ze ooit beseffen wat ze me hebben aangedaan. Ik heb al te veel tranen om ze vergoten om nog te kunnen treuren. Mijn geduld en begrip zijn op. Ik beloof plechtig me niet door mijn zonen kapot te laten maken. Als ze me willen zien, moeten ze me eerst om vergiffenis vragen.

Zacarias belt eens per week met Jamila. Via haar hoor ik hoe het met hem gaat. Hij woont in een huis met vrienden en leeft vooral van uitkeringen. Volgens Jamila is hij niet van plan terug te keren naar Frankrijk. 'Hier is minder racisme,' geeft hij als uitleg.

In 1995 zie ik hem terug. Jamila ligt in het ziekenhuis, na de geboorte van haar zoon.

Ik zit in de wachtkamer als ik hem zie aankomen. Zijn zelfverzekerde tred, krachtige uitstraling en merkkleding wekken de indruk dat het goed met hem gaat. Hij werpt een korte blik op de andere wachtenden en gaat zitten zonder mij zelfs maar aan te kijken.

Mijn moederhart krimpt ineen, maar diep vanbinnen voel ik medelijden met hem. Ik heb een zuiver geweten, ik heb gevochten voor mijn kinderen en ze nooit kwaad toegewenst. Ik heb mezelf niets te verwijten. Maar achter zijn onverholen minachting ontwaar ik schaamte en een gevoel van onbehagen.

Hij vertrekt weer naar Engeland zonder dat ik hem terugzie, zonder dat we een woord hebben gewisseld.

Ik doe alsof het me koud laat, maar stiekem hoop ik dat ergens diep in de ziel van mijn zonen nog steeds een klein vuurtje smeult en dat ze op een dag terugkeren als liefhebbende, respectvolle mannen. Om niet teleurgesteld te worden, om te voorkomen dat ik mijn leven lang blijf wachten tot die vlam weer oplaait, vraag ik Jamila om me niets meer te vertellen over Zak. Maar tot mijn vreugde gehoorzaamt ze niet.

Aan het einde van 1996 spreekt Jamila over de telefoon nog steeds vaak met Zacarias en ze merkt dat zijn persoonlijkheid verandert.

'Hij irriteert me,' vertelt ze op een dag. 'Hij blijft maar doorzeuren over jou.'

'O?' zeg ik nieuwsgierig.

'Ja, hij noemt je nu mama, niet meer Aïcha of dat oudje. En hij leest me steeds de les: dat ik goed voor de kinderen moet zorgen en zo, dat ik moet bidden. Hij zei zelfs dat hij je wilde komen opzoeken.'

Uit angst voor een nieuwe teleurstelling doe ik alsof ik niet hoor wat mijn dochter me vertelt, maar diep in mijn hart voel ik een sprankje hoop.

14

De metamorfose van Zacarias

Mei 1997. Negen uur 's ochtends. De bel gaat. Ik buig me over het balkon. Daar staat hij, achter het hek. Zwijgend kijk ik naar hem. Hij draagt een pak en heeft een sikje. Hij ziet eruit als een zakenman. Rustig staat hij te wachten.

Hij is het die de stilte verbreekt. 'Hallo,' zegt hij met zachte stem, 'ik wil met je praten.'

Ik heb dit moment zowel met verlangen als met vrees tegemoet gezien. Ik wist niet hoe ik zou reageren en nu ik Zacarias zie, komt alles weer boven, alle pijn, alle vernederingen.

'Nee, vandaag niet, ik ben te moe,' zeg ik na een stilte.

Even blijft hij stokstijf staan, dan verdwijnt hij.

Misschien is hij echt veranderd, zeg ik tegen mezelf. Maar ik durf het niet te geloven. Ik wil niet weer teleurgesteld worden.

De volgende dag belt hij opnieuw aan, weer om negen uur. 'Goedemorgen, mama,' zegt hij simpelweg.

Dus het is waar, hij noem me weer mama. Mijn hart slaat op hol, maar ik laat niets merken. Lang blijven we elkaar aanstaren. Waarschijnlijk voelen we ons allebei even ongemakkelijk.

Dan vraagt hij: 'Mama, kun je me vergeven? Ik weet wat ik je heb aangedaan en ik heb er spijt van.'

In zijn ogen denk ik te zien dat hij het meent, dat ik me niet heb vergist.

Hij loopt naar me toe, buigt zijn hoofd en knielt neer. Huilend zegt hij: 'Als ik in je buik terug kon kruipen en helemaal opnieuw beginnen, zou ik het doen. Vergeef me alsjeblieft. Als jij me niet vergeeft, zal God me nooit vergeven.'

Het is de eerste keer dat ik hem over God hoor spreken. Ik beschouw het als een teken dat hij wijzer is geworden, dat hij eindelijk de betekenis van het woord respect heeft begrepen. Ik zie er niets kwaads in. Als religie hem kan helpen een beter mens te worden...

Ik had niet verwacht dat hij zo geëmotioneerd zou zijn, dat hij voor mijn ogen zou instorten, maar dat wist het kwaad dat hij me heeft aangedaan niet uit.

'Ik wil je best vergeven,' zeg ik, 'maar Zak, echte vergiffenis moet je verdienen. Het is al heel wat dat ik je in mijn huis toelaat en met je praat.'

'Dat weet ik,' antwoordt hij zachtjes.

Ik kijk hem aan en zie een andere persoon. Hij is eindelijk een man geworden. Ik vind dat ik het recht niet heb hem mijn vergiffenis te onthouden, maar hij zal moeten blijven bewijzen dat hij oprecht is. En misschien, wie weet, kunnen we dan weer een normale moeder-zoonrelatie opbouwen.

De dag gaat voorbij met veel stiltes, maar misschien is dat ook maar het beste. Het is duidelijk dat we geen van beiden zin hebben toneel te spelen en geforceerde gesprekjes te voeren. En hij is zich ervan bewust dat hij mij moet overtuigen.

Rond halfacht 's avonds vertrekt hij naar de bushalte. Mijn hart is vervuld van hoop.

De volgende dag staat hij weer om negen uur 's ochtends bij het hek en ook nu blijft hij wachten tot ik hem vraag binnen te komen.

Twee weken lang zien we elkaar iedere dag op deze manier. In deze dagen toont hij me meer respect en aandacht dan in de afgelopen vijftien jaar bij elkaar. We praten vooral over het gezin, de problemen van deze en gene.

'Je moet Abd-Samad vergeven,' zegt hij op een ochtend.

'Maar het is aan hem om me om vergiffenis te vragen, hij heeft mij slecht behandeld, hij heeft me gekwetst.'

'Hij was net zo stom als ik, maar hij blijft je zoon. Bovendien was hij altijd je lieveling.'

'Wat zeg je nou?'

'Natuurlijk, je stond altijd voor hem klaar, regelde altijd alles voor hem. Je hield meer van hem dan van mij.'

'Dat zie je helemaal verkeerd. Jij was verstandig en ordelijk. Jij had niemand nodig om je zaakjes te regelen. Maar Abd-Samad was anders. Als ik zijn spullen niet klaarlegde of zijn kamer opruimde, zou het een enorme bende zijn geworden, dat is alles. Hoe kun je denken dat ik meer van hem hield dan van jou? Jullie waren mijn kinderen, ik hield van jullie beiden evenveel. Maar omdat jullie verschillend waren, uitte ik het op een andere manier, dat is alles.'

Ik ben stomverbaasd over dit gesprek. Is dat de reden dat Zacarias, die zo gevoelig was, later zo hatelijk tegen me deed? Voelde hij zich echt al die jaren onbemind? Hoeveel schade heeft dat bij hem aangericht?

In het begin verbaas ik me erover dat hij een paar keer per dag zijn bezigheden onderbreekt om te bidden. Hij is echt veranderd, zeg ik tegen mezelf, maar de religie lijkt hem de innerlijke rust te hebben gebracht die hij zocht.

We praten niet over religie. Hij vraagt mij niet te bidden of andere dingen te doen op religieus gebied. Hij wil alleen maar weten of er in de buurt halal-winkels zijn waar hij boodschappen kan doen.

Op een vrijdag komt hij aarzelend naar me toe en vraagt hij of ik iets voor hem wil doen. Hij wil dat ik kleren voor hem maak: een traditioneel Marokkaans gewaad om in te bidden, een sarouel en een overhemd. 's Middags ga ik aan het werk.

Ongeveer een uur nadat hij naar de moskee is gegaan, komt hij terug.

'Deze moskee staat me niet aan,' geeft hij als verklaring.

'Waarom niet? Wat is er mis mee?'

'Niets,' zegt hij alleen maar. 'Het is gewoon geen goede moskee, dat is alles.'

Later hoor ik dat Zacarias een heftige woordenwisseling heeft gehad met de imam. Hij verwijt hem dat hij een te tolerante islam uitdraagt, die heel anders is dan de stroming waar hij inmiddels toe behoort. Helaas heb ik op dat moment niet door welke plaats religie in zijn leven heeft ingenomen. Ik zie alleen dat hij milder, rijper, bedachtzamer is geworden. Dat is logisch, denk ik, hij heeft gestudeerd en hij is ook al negenentwintig.

'Waarom ga je dan naar de moskee?' vraag ik. 'Je kunt hierboven bidden, dat is veel rustiger.'

'Nee, je hebt een gebedshuis nodig om je te bezinnen en God om vergiffenis te vragen.'

'Aha,' zeg ik, verbaasd over de ernst waarmee hij spreekt, 'wie heeft je geleerd om dat soort dingen te zeggen?'

Het enige antwoord dat ik krijg is een glimlach.

Na twee weken vertrekt Zacarias weer.

'Luister,' zegt hij, terwijl hij me een papiertje geeft, 'hier is mijn telefoonnummer.'

Als hij weer in Londen is belt hij me tweemaal per week. Iedere keer vraagt hij om vergiffenis en herhaalt hij dat als ik hem niet vergeef, God hem ook niet kan vergeven. Hij begint zelfs te huilen aan de telefoon. Emoties zijn altijd sterker als je ver weg bent van degene van wie je houdt.

Maar na zeven maanden geeft hij geen teken van leven meer. Geen telefoontje, geen brief. Ik ben ongerust, maar ik durf het nummer dat hij me heeft gegeven niet te bellen. Dus hoor ik enkele maanden niets van hem.

En dan gaat de telefoon weer.

'Hallo, mama, met Zacarias.'

'Waar heb je al die tijd gezeten?'

'Het spijt me, ik kon je niet bellen, ik had het heel druk.'

'Gaat het wel goed met je? Ik hoop dat er niets ergs aan de hand is.'

'Nee, nee, maak je geen zorgen, het gaat uitstekend,' zegt hij.

Ik probeer hem te laten vertellen over zijn leven, zijn bezigheden, zijn vrienden, maar hij ontwijkt alle vragen.

'Weet je,' zegt hij, 'ik hoop dat ik je op een dag een groot plezier kan doen en dat je trots op me zult zijn.'

'Als je me een plezier wilt doen, begin dan met een baan te zoeken. En dan zul je op een dag ook een vrouw en kinderen hebben.'

'Dat komt wel, inch'Allah!' antwoordt hij.

'Kom in Frankrijk wonen, dicht bij mij,' zeg ik.

'Maak je geen zorgen, mama, je zult zien dat we op een dag weer allemaal bij elkaar zijn en dat ook Abd-Samad je om vergiffenis komt vragen.'

Zijn woorden verwarmen mijn hart. Eindelijk wordt alles anders. Ik was me gaan afvragen wat ik verkeerd had gedaan dat mijn zoons zo hatelijk tegen me deden. Nu Zacarias erkent dat het aan hen is om mij om vergiffenis te vragen, is de loden last die op mijn geweten drukte verdwenen.

Zacarias belt steeds onregelmatiger. Soms belt hij drie keer per week en daarna hoor ik een aantal weken helemaal niets van hem.

In de lente van 1999, na een lange stilte, trekt een brief tussen de post mijn aandacht. Het is een kleine enveloppe van goedkoop papier, die zo te zien een zware reis achter de rug heeft. Ik herken het handschrift niet van degene die mijn adres heeft opgeschreven. De enige aanwijzing is het poststempel dat duidelijk maakt dat de brief uit Pakistan komt. Wie schrijft mij nou vanuit Pakistan?

Het is Zak, maar eigenlijk is hij het niet echt. Ik herken hem niet. Hij heeft de brief in het Arabisch ondertekend, wat helemaal niet bij hem past. Bovendien wist ik helemaal niet dat hij Arabisch schrift kende. De brief telt zes pagina's en is slecht geschreven, alsof Zacarias geen tijd had om er veel aandacht aan te besteden. De tekst is volkomen onsamenhangend. De hele brief lang vraagt hij me om vergiffenis en om de regel citeert hij Allah. Het is waar dat het voor een moslim belangrijk is om door zijn moeder te worden vergeven voor wat hij haar heeft aangedaan, maar dit gaat een beetje te ver. Dit kan toch niet waar zijn, denk ik bij mezelf, nu heb ik eindelijk de zoon teruggevonden die zo lang kwijt was, en dan ken ik hem niet meer terug... Wat is er met hem gebeurd? Ik zet deze negatieve gedachten uit mijn hoofd en schrijf de vreemde brief toe aan vermoeidheid of zorgen.

In de zomer vertrek ik voor een paar maanden naar Marokko om mijn moeder te bezoeken. Zij vertelt me dat Zacarias haar enkele maanden nadat hij bij mij was geweest, anderhalf jaar geleden, had bezocht. Waarom heeft hij me dat niet verteld?

Hij bleef niet lang, zijn bezoek verliep niet goed. Naar het schijnt wilde de familie hem laten trouwen met de zuster van Fouzia en ging hij ervandoor, midden in de nacht, zonder van iemand afscheid te nemen. Na ons laatste bezoek aan Marokko, toen Zak negen was, wilde hij er nooit meer naar terug. Wat had hij daar nu te zoeken? Ik spreek met mezelf af hem er de volgende keer dat ik hem aan de telefoon heb naar te vragen.

Als ik in november in Narbonne terugkeer vind ik een boodschap van Zacarias op mijn antwoordapparaat. 'Mama, ben je er niet? Jammer. Ik houd van je.' Hij vertelt niet waar hij is of wat hij doet. Hij zegt alleen maar dat hij van me houdt en vraagt me meerdere keren om vergiffenis. Nog steeds wil hij dat ik hem vergeef. Het is een ware obsessie geworden.

Ik speel de boodschap nog tientallen keren af. Ik ben een beetje ongerust. Het gaat vast niet goed met hem, misschien zit hij in de problemen.

Het was het laatste wat ik van hem hoorde.

Een maand later komen twee mannen naar me toe terwijl ik bezig ben mijn auto te parkeren.

'Goedendag, bent u de moeder van Zacarias Moussaoui?'

'Ja. Bent u van de politie?'

'Nee, wij zijn van de veiligheidsdienst, de DST.'

Ik vertel niet dat ik geen idee heb wat de DST is. Ze leggen uit dat een vriend van Zacarias deel uitmaakte van een militante moslimbrigade en in Tsjetsjenië is gedood. Ze willen weten of ik hun er meer over kan vertellen.

'U moet zich vergissen. Waarom zou Zacarias naar Tsjetsjenië gaan? Hij heeft daar niets te zoeken.'

'Dat is nou juist wat we willen weten,' antwoorden ze mysterieus.

Ik herinner me dat ik de jongen over wie ze het hebben een keer heb gezien. Hij was een schoolvriend van Zak, een grote halfbloed. Ik geloof dat ze zelfs samen naar Engeland zijn gegaan.

Ik ben volledig van slag. Ik kan me niet voorstellen dat Zacarias naar Tsjetsjenië is gegaan.

'Maar wat heeft mijn zoon hiermee te maken?'

'Zijn naam stond in de agenda van een terrorist die verdacht wordt van moord op een imam. We willen hem alleen een paar vragen stellen, mevrouw. Er is geen reden om u zorgen te maken,' zeggen ze terwijl ze weglopen.

Het is een onwaarschijnlijk verhaal! Misschien had Zacarias verkeerde vrienden zonder dat hij het wist. Ik maak me niet echt zorgen. Ik ben ervan overtuigd dat ze zich vergissen. Zacarias toonde nooit enige belangstelling voor zaken die met extremisme en terrorisme te maken hadden. Tot hij in 1997 terugkwam, had ik hem zelfs nog nooit zien bidden. Bovendien is hij Frans, denk ik bij mezelf, deze strijd gaat hem niet aan. Hij heeft geen enkele reden om zich erin te mengen.

Ik leg het kaartje dat de agenten me hebben gegeven terzijde. De tijd verstrijkt en ik vergeet hun bezoek. Maar ik hoor nog steeds niets van Zacarias. Tot de lente van 2001. In mei krijg ik een telefoontje van een van de agenten van de DST. Hij wil weer weten of ik nieuws van Zacarias heb.

'We denken dat hij naar de Verenigde Staten is gegaan,' zegt hij.

'En wat zou hij daar dan moeten doen?'

'Tja, het fijne weten we er niet van. Dat is juist waarom we u bellen.'

Waarom volgen deze agenten mijn zoon? Ze stellen me gerust

en drukken me op het hart dat ik me geen zorgen hoef te maken en dat het maar een routineonderzoek is. Belde Zacarias maar, dan kon ik deze mannen uitleggen dat ze zich voor niets zorgen maken. Maar waarom laat hij niets meer van zich horen? Waar zou hij zich op dit moment mee bezighouden?

15

De twintigste man

13 september 2001. De beelden van de aanslagen zijn overal te zien, niet alleen op televisie maar ook in mijn hoofd. Er ligt nog stof op de ruïnes van de twee torens. En altijd weer het gezicht van mijn zoon, de zogenaamde 'twintigste kaper', de medeplichtige, degene die een vliegtuig in het Witte Huis had moeten boren. In de ogen van de hele wereld is hij schuldig.

Ik loop naar de woonkamer en pak een foto van Zacarias, die waarop hij zo guitig kijkt en breeduit lacht. Ernaast op een plankje ligt het gipsafgietsel van zijn hand, een herinnering aan de keer dat hij op zijn veertiende zijn hand verstuikte. De tranen stromen over mijn wangen zonder dat ik het merk. Wat is er gebeurd? Ik heb het gevoel dat ik in een nachtmerrie terecht ben gekomen. Ik heb geworsteld om mijn kinderen de kans te geven op te groeien in een omgeving van vrijheid en respect, mijn hele leven heb ik gestreden tegen obscurantisme en nu treft het me hard in het gezicht, als een boemerang. Ik had nooit gedacht dat ik mijn streven naar vrijheid zou moeten bekopen met bloed en tranen.

Ik wil ver weg vluchten van dit alles, even, al was het maar een minuut, vergeten dat mijn zoon misschien betrokken is bij de bloedigste aanslag in de geschiedenis. Maar de journalisten die voor mijn deur de wacht houden, herinneren me er constant aan. Van over de hele wereld krijg ik telefoontjes: van de Verenigde Staten tot Japan, van Zweden tot Saudi-Arabië. Iedereen wil de 'moeder van de terrorist' interviewen. Tot twee dagen geleden leefde ik teruggetrokken in mijn huisje en nu ben ik het middelpunt van een wereldwijd mediaspektakel!

Toen de eerste journalisten aankwamen, zag ik verbazing in hun blik. Ze dachten een gesluierde vrouw aan te treffen, die hoog in een flat woonde en gebrekkig Frans sprak. In plaats daarvan staan ze oog in oog met een gepensioneerde medewerkster van de post, die alleen in een eigen huis in een rustige woonwijk van Narbonne woont.

Ze willen allemaal hetzelfde weten: wist ik dat mijn zoon een gevaarlijke fundamentalist was geworden? Had ik kunnen zien aankomen wat er zou gebeuren?

Ik ga terug in het verleden naar zijn laatste bezoek in 1997. Was ik echt zo verblind door de blijdschap hem terug te zien dat ik de signalen niet zag? Dat zou ik mezelf nooit vergeven. Als ik maar een seconde het vermoeden had gehad dat hij flirtte met het fundamentalisme, had ik er met hem over kunnen praten, hem kunnen helpen de wereld met een meer open blik te bekijken, en misschien zou ons dan veel leed bespaard zijn gebleven. Maar nee, hij leek volkomen normaal. In tegenstelling tot wat sommige kranten zo gretig berichten, had hij geen lange baard en droeg hij geen 'fundamentalistische kleding'. Natuurlijk heb ik hem in die tijd zien bidden. Dat was voor het eerst, maar wat kon dat voor kwaad? Ik was zelfs blij, ik dacht alleen maar dat hij een goede moslim zou worden, dat hij wijsheid had verworven. Ik kon er van alles over denken, maar zeker niet dat hij een terrorist zou worden. Bovendien wist ik in die tijd helemaal niet dat er sprake was van een terreurdreiging van militante moslims. Voor mij waren mensen als Khaled Kelkal, die aanslagen pleegden in bijvoorbeeld Algerije en Frankrijk, in de eerste plaats misdadigers en dan pas islamitische fundamentalisten. En mijn zoon was geen crimineel, dus had ik geen enkele reden om me zorgen te maken.

Maar sindsdien doe ik iedere dag nieuwe ontdekkingen. Ik herkauw alles wat de kranten me vertellen: Zacarias is op 16 augustus gearresteerd in een hotel in Minnesota. Zijn visum is verlopen en hij heeft twee paspoorten, een Frans en een Algerijns. Dat laatste baart me zorgen. Als hij een vals paspoort heeft, moet hij wel iets op zijn kerfstok hebben. In zijn kamer vind ik twee messen, een verrekijker, een handleiding om te leren vliegen, bokshandschoenen en een draagbare boordradio.

Hij heeft zich ingeschreven bij een vliegschool om een 'jumbo' te leren vliegen. De kranten melden dat Zacarias niet wilde leren 'opstijgen of landen, alleen maar vliegen'. Als ik die zin lees ben ik verbijsterd. Dat laat nog minder aan duidelijkheid te wensen over dan een schuldbekentenis. Ik weet op dat moment nog niet dat er niets van waar is, dat de getuigen alles hebben aangedikt. In werkelijkheid heeft Zacarias alleen maar gezegd dat hij 'zo snel mogelijk' wilde leren vliegen. Dat is iets heel anders! Volgens de hoofdinstructeur was hij soms een beetje arrogant, opscheperig, maar vooral altijd gespannen. Dat had hem alert gemaakt. Hij was ervan overtuigd dat er iets niet in de haak was. Toen hij het dossier van Zacarias nog eens doornam, zag hij dat zijn visum was verlopen. Dat is de reden dat hij hem bij de politie aangaf. Geen moment was de gedachte in zijn hoofd opgekomen dat Zacarias een terrorist zou kunnen zijn. Trouwens, ook de FBI hield geen rekening met die mogelijkheid. Tussen zijn arrestatie en 11 september werd hij verschillende keren ondervraagd, maar de FBI vond niets verdachts. Hij zat nog niet in een extra beveiligde gevangenis, zoals twee dagen na de aanslagen het geval is, maar gewoon in een cel van het detentiecentrum in Boston. Erger nog, op 10 september kwam een agent van de FBI hem vertellen dat hij zich kon voorbereiden op zijn terugkeer naar Frankrijk! Het enige waarvan hij werd beschuldigd was illegaal verblijf vanwege zijn verlopen visum. Zelfs de antiterrorismerechter in Frankrijk die de agenten van de DST op me af had gestuurd, leek het niet nodig te vinden hem nog eens aan de tand te voelen.

Als ik dat lees stel ik me gerust met de gedachte dat er misschien nog een piepklein kansje is dat de arrestatie van mijn zoon een vergissing is, dat ze zijn rol hebben overschat.

Maar het onderzoek brengt andere, ernstiger feiten aan het licht, bijvoorbeeld dat Zacarias enkele maanden eerder op dezelfde school zat als Mohammed Atta, de leider van de kamikazepiloten. Of dat de duizenden dollars voor zijn cursus betaald zijn door de Duitse tak van al-Qaida. Mijn hart krimpt steeds verder ineen naarmate het dossier van Zacarias dikker wordt.

Al snel is duidelijk dat Zacarias inderdaad deel uitmaakt van al-Qaida. Mijn wereld stort opnieuw in. Ik voel me verloren, verlaten. Alles waarin ik geloofde valt in duigen.

16

Een brief die alles verandert

25 oktober 2001, meer dan een maand na de aanslagen. Het is
één uur 's middags. Ik zit verslagen in de woonkamer. Ik weet
niet meer wat ik moet denken of hoe ik moet omgaan met wat
me overkomt. Hoe kan ik Zacarias helpen als ik niet weet waar
hij is of hoe het met hem gaat, als ik niet eens zijn echte rol in
deze kwestie ken? Mijn moederhart schreeuwt dat het niet
mogelijk is, dat hij niets heeft gedaan, maar ik voel twijfel. En
die twijfel is het ergst.

De postbode verdrijft mijn sombere gedachten. Hij heeft maar
één brief. Ik herken meteen het handschrift van Zacarias. Hoe
heeft hij deze brief vanuit de gevangenis kunnen versturen? Dat
is nog steeds een mysterie.

Mijn hart klopt in mijn keel. Een brief van hem, die hij in zijn
handen heeft gehad... Het duurt tien minuten voordat ik kalm
genoeg ben om hem te lezen.

Hallo mama,

Als Allah het wil, vergeef je me voor de last die ik je bezorg en
die ik je in het verleden heb bezorgd. Wat dat gedoe in Ame-

rika betreft, wees niet ongerust, ik heb niets gedaan en dat zal ik de komende tijd bewijzen, inch'Allah. Ze vertellen me niets, maar als ik de advocaat die ze me hebben toegewezen mag geloven, ben ik al veroordeeld. Maar je moet weten dat ze me tot op heden niet officieel in staat van beschuldiging hebben gesteld. Hoe dan ook, ik ben niet bang voor ze, inch'Allah, mijn leven ligt niet in hun handen. Allah heeft al geschreven wat er gaat gebeuren. Ik bid voor mijn vrijlating. Ik ben niet van plan het hun gemakkelijk te maken, ze hebben niemand kunnen vinden, dus hebben ze een foto van mij getoond. Maak je geen zorgen, ze zullen proberen bewijzen en getuigen tevoorschijn te toveren en Allah, inch'Allah, lacht om hun plannen. Ik heb weinig zin om met ze te praten want dat is tijdverspilling. Weet je, mama, ik denk altijd aan jou en ons gezin. Ik weet dat ik en mijn broer en zussen het je heel moeilijk hebben gemaakt. Laatst dacht ik aan jou en de problemen die ik je bezorg, daarna dacht ik aan de problemen van mijn broer Abd-Samad en daarna aan die van Jamila en Nadia. Echt, dat is nogal wat voor één moeder. Daarom bid ik tot Allah opdat hij je hart verlost van de pijn. Het enige wat me plezier doet, is dat ik weet dat je in Allah gelooft en dat je voor al deze beproevingen wordt gecompenseerd, inch'Allah. Zorg dat je goed blijft bidden, mama, en vergeef mij. Ik weet dat dat op dit moment heel moeilijk moet zijn en ik kan geen woorden vinden om je te vertellen hoezeer het me spijt. Het enige wat ik je kan zeggen is dat ik heel veel van je houd en dat ik graag wil dat je bij me komt wonen als dit gedoe achter de rug is. Ik voel me fysiek goed en mentaal heel, heel goed. De gevangenis geeft je de kans met een heldere blik naar je leven te kijken. Er is geen afleiding, waardoor je gaat zien wat echt belangrijk is. Geloof de kranten niet, ze liegen dat ze barsten. Het is zoals ze zeggen: ze willen kranten verkopen. Ik wilde dat je in Marokko was, volgens mij is dat beter voor je. Allah is de beste. Ik weet van de moeilijkheden met het huis, maar ik hoop dat je een oplossing vindt. Weet je mama, ik houd heel veel van je, denk niet dat ik ongelukkig ben. Het gaat goed met me, ik wacht geduldig het moment af waarop ik ze kan laten zien dat ik onschuldig ben in deze belachelijke zaak. Ik heb spijt van al die vergooide jaren met jou, zie je, dat is waar jaloezie toe leidt. Chaïtan ['de duivel'] verbreekt familiebanden, als ik vrijkom zal ik je uitleggen waarom. Ze lezen mijn brieven en ik wil niet over onze familieproblemen praten. Ik bid dat we in die wereld weer als een gezin samen zullen zijn, als Allah het wil, in het paradijs. Op dit moment ben ik blij dat ik je kan schrijven en ik hoop dat je, ondanks deze toestand, een paar seconden glimlacht, want ik houd heel veel van je, mama. Ik zou je graag een moment van vreugde schenken. Ik zal proberen te trouwen en kinderen te krijgen, ik weet dat je dat graag wilt en als Allah het wil, gebeurt dat heel snel. Wanhoop niet, het leven is vol verrassingen, alleen Allah kent de toekomst. Als ze jou als klein meisje in Azrou hadden verteld dat je in Frankrijk zou wonen en zo, had je ze in hun gezicht uitgelachen. Als alle mensen van de wereld zich zouden verenigen om jou goed te doen en te helpen, zouden ze dat alleen kunnen doen met instemming van Allah, en als de mensen van de hele wereld je kwaad wilden doen, konden ze dat alleen doen met instemming van Allah. Dus je moet rust vinden in je hart, alles wat op je pad komt, komt alleen omdat Allah het wil. En, mama, je kunt er zeker van zijn dat ik me zal verdedigen tegen hun leugens. Jij hebt me op de wereld gezet en je kunt op me rekenen. Ik zal je vreugde schenken door ervoor te zorgen dat ik uit de gevangenis kom, als Allah het wil. Toen ik in de Koran het verhaal over Youssouf las, vrede zij met hem, dacht ik aan onze familie, want jaloezie veroorzaakt veel problemen. Jij hebt altijd voor ons klaargestaan en het erge is dat wij vieren dat nooit hebben begrepen. Het enige excuus is dat deze maatschappij je niet leert respect te hebben voor je familie, maar dat is een ander verhaal. Ik kan je nu niet bellen, maar ik hoop dat ik je kan schrijven. Ik heb liever dat je niet terugschrijft, want ze lezen mijn brieven. Ik weet dat je iedere seconde aan mij denkt. Inch'Allah kom ik hier snel uit. Als er een proces komt, dat is nu nog niet zeker, zal dat over maximaal een jaar beginnen. Ik ken ze, ze moeten opschieten om de slachting onder de moslims in Afghanistan te rechtvaardigen. Bid voor me en voor al onze broeders en zusters die in zware omstandigheden verkeren. Allah kent ons hart en hij zal ons helpen als we oprecht zijn. Je moet je geen zorgen maken, Allah is de beste beschermer. Heel veel liefs, mama, ik houd van je. Vergeef me.

Je zoon, Zak

P.S. Zeg aan mijn broer en mijn zussen dat ik ze snel zal schrijven.

Ik druk de brief tegen mijn hart, herlees hem keer op keer, tot mijn ogen branden.

Ik maak me een beetje zorgen over al die verwijzingen naar Allah en de profeet, maar toch verandert deze brief alles. Zacarias zegt dat hij onschuldig is en ik geloof hem. Als hij zo'n toegewijde moslim is als hij lijkt, weet hij dat hij niet tegen zijn moeder mag liegen.

Hij zegt dat ik niet ongerust moet zijn, dat hij zich zal verdedigen, maar ik voel dat dat niet mogelijk is, dat ze hem geen eerlijke kans zullen geven.

Ik heb mijn besluit genomen. Ik moet hem helpen bij zijn verdediging. Ik moet strijden om de waarheid naar boven te brengen.

Lange tijd wist ik niet wat ik tegen de journalisten moest zeggen als ze me vroegen of hij schuldig of onschuldig was, of hij inderdaad de twintigste kaper was... Deze brief maakt alles duidelijk. Hij schudt me wakker uit mijn verdoving. Ik moet alles doen om Zacarias te helpen zijn recht te halen. 's Ochtends was ik nog verlamd, maar nu heb ik genoeg energie om bergen te verzetten. Mijn zoon wordt ervan beschuldigd betrokken te zijn bij iets wat herinnerd zal worden als een van de ergste tragedies van het begin van de eeuw, en ik wil niet dat die verschrikking nog eens wordt verergerd door een dwaling van het recht.

Ik moet alles doen om de waarheid aan het licht te brengen, zodat Zacarias wordt veroordeeld voor wat hij heeft gedaan, alleen maar voor wat hij heeft gedaan en niet voor wat hij symboliseert. Ik weet niet waar deze strijd me zal brengen en of ik het er zonder kleerscheuren afbreng, maar hij is mijn zoon. Dat zal hij altijd blijven en als hij de weg is kwijtgeraakt, kan ik hem niet in de steek laten.

11 december. Een zwarte dag. De eerst zware klappen in deze strijd laten niet lang op zich wachten. Sinds twee maanden lees ik alles wat ik kan vinden over deze zaak. Ik koop kranten en zit

uren op het internet. Ik wil niets missen. Ondanks mijn zeer gebrekkige Engels kijk ik zelfs naar Amerikaanse televisiezenders, iets wat ik nooit eerder had gedaan. En daar hoor ik het afschuwelijke bericht: John Ashcroft, de Amerikaanse minister van Justitie, zal de doodstraf eisen tegen Zacarias. Mijn zoon wordt beschuldigd van 'betrokkenheid bij het beramen van de aanslagen van 11 september'. Het komt erop neer dat hij ervan wordt beschuldigd deel uit te maken van de terreurgroep. Zes tenlasteleggingen in totaal, waarvan er vier in aanmerking komen voor de doodstraf! De doodstraf... De woorden weergalmen in mijn hoofd.

Dat kan niet, het klopt niet! Hij zat al een maand in de gevangenis toen de aanslagen plaatsvonden!

Ik begrijp er niets van. Hoe kun je iemand ter dood veroordelen voor iets wat hij niet heeft gedaan? Dat slaat nergens op! Of zoeken ze wraak in plaats van gerechtigheid?

Lange tijd blijf ik roerloos zitten. Schokkende beelden van executies van ter dood veroordeelden die ik ken uit films of reportages, verdringen elkaar in mijn hoofd. In plaats van me te ontmoedigen, helpen ze me uit mijn verdoving te ontwaken.

Het gaat nu niet meer alleen om het onthullen van de waarheid. Vanaf dit moment moet ik vechten voor het leven van mijn zoon. En ik zal me met hand en tand verzetten, tot ik mijn laatste adem uitblaas.

17

Een draaikolk zonder einde

13 december 2001. De Amerikaanse justitie lijkt vastbesloten haast te maken. Sommigen gaan ervan uit dat het proces volgend jaar of begin 2003 van start gaat. Dat geeft ons niet veel tijd om zijn verdediging voor te bereiden.

Over enkele dagen wordt Zacarias voorgeleid. Hij moet zeggen of hij schuldig of onschuldig pleit. De beslissing is eigenlijk al genomen: ik moet naar hem toe. Ik moet mijn zoon en de hele wereld, iedereen die hem al bij voorbaat heeft veroordeeld, laten zien dat hij niet alleen staat, dat hij net als iedereen een moeder heeft, dat ik me tot het einde toe zal inzetten voor een eerlijk proces.

Maar hoe doe ik dat zonder hulp? Ik spreek slecht Engels, ik heb geen enkele juridische kennis en met mijn bescheiden ambtenarenpensioen kan ik me geen marathonproces veroorloven. Tegen de macht van het Amerikaanse justitiële apparaat kan ik alleen mijn moed in stelling brengen.

Sommige advocaten hebben aangeboden mij te helpen. Natuurlijk was dat niet geheel zonder eigenbelang: een zaak die zo veel media-aandacht krijgt is pure reclame. Ik heb op het punt gestaan een van de aanbiedingen te accepteren, maar ik weet dat ik met een advocaat niet meer vrij ben om te zeggen en doen wat ik wil. Hij zal me alles willen dicteren, 'in het belang van Zacarias', maar dat is voor mij onacceptabel. Ik wil mijn vrijheid behouden. Overigens hoef ik er niet eens over na te denken: ik heb het geld niet om een advocaat te betalen. En bovendien ben ik niet degene die verdedigd moet worden, maar Zacarias. In die periode biedt mr. Roux, een advocaat uit de regio die fel tegen de doodstraf is, aan mijn zoon te verdedigen. Ik vind het nogal vreemd, want hij heeft geen inzage in het dossier van Zacarias. Bovendien zal Zak er niet van willen horen. Maar zijn hulp is toch welkom. We zullen wel zien.

27 december. Enkele uren voordat ik op het vliegtuig naar Washington stap, worden mr. Roux en ik op het ministerie van Buitenlandse Zaken ontvangen. Ik wil weten waarom niemand zich om mijn zoon bekommert, waarom de regering geen enkele moeite heeft gedaan om te weten te komen of hij goed wordt behandeld, waarom niemand de gevangenis heeft bezocht. Hij is tenslotte een Frans burger, en zelfs als hij op wat voor manier dan ook bij deze afschuwelijke gebeurtenis betrokken is, heeft hij nog rechten.

Ze proberen zich ervan af te maken door te zeggen dat Zacarias niet officieel om hulp heeft gevraagd, maar dat ze zich er op het juiste moment over zullen buigen. Als ik het ministerie verlaat weet ik nog zekerder dat ik niet op hulp van anderen hoef te rekenen.

Aan het begin van de middag stijgen we op. Twee televisieploegen reizen met ons mee. Ik heb lang geaarzeld voor ik ze toestemming gaf met me mee te gaan. Ik was bang dat ik minder tijd en aandacht zou hebben voor mijn zoon. Maar ik begrijp nu hoe het werkt met de media. Het is heel simpel: we kunnen elkaar helpen. Zij willen een reportage en dat stelt mij in de gelegenheid mijn boodschap over te brengen en de regering en het justitiële apparaat in Frankrijk en de Verenigde Staten te dwingen de waarheid aan het licht te brengen. Zonder de media ben ik maar een arme, bedroefde moeder in haar huisje in Narbonne en zal niemand zich druk maken om het lot van Zacarias en over de vraag of hij schuldig of onschuldig is.

Het is de eerste keer dat ik in zo'n groot vliegtuig stap. Het is ook de eerste keer dat ik naar de Verenigde Staten ga. De journalisten die me begeleiden stellen me gerust en helpen me te ontspannen. In hun blik en houding zie ik dat ze me niet veroordelen en dat doet me goed.

Vanaf het begin van 'deze geschiedenis' zien sommigen me alleen nog maar als 'de moeder van de terrorist' en nemen ze het me kwalijk dat ik het voor hem opneem. Ze begrijpen niet dat ik zijn ideeën niet verdedig, dat ik deze verschrikkelijke aanslagen niet wil bagatelliseren of er excuses voor verzin. Ik wil alleen maar de waarheid weten. Als hij moet worden berecht, dan alleen voor zijn daden en nergens anders voor.

Zeven uur later landt het vliegtuig. Zodra we het vliegveld betreden zijn we ons bewust van een opgewonden sfeer. In de verte zien we dranghekken en overal staan politiemannen. Een van hen spreekt Frans. 'Wat is hier aan de hand? Zijn dit de voorbereidingen voor een feest?' vraag ik hem.

'Nee, nee,' antwoordt hij, 'dit is allemaal vanwege u.'

Ik ben sprakeloos. Iedereen wacht op de moeder van de terrorist. De toon is gezet.

Ik draai me om naar de menigte die me aanstaart. Al die mensen voor mij... Mijn benen beginnen te trillen. Ik moet op mijn bagagewagentje leunen om niet te vallen. Hoe dichterbij ik kom, hoe meer de angst bezit van mij neemt. Mijn mond is droog. De journaliste naast me probeert me gerust te stellen, maar ik kan niets terugzeggen. Ik kan geen woord uitbrengen. Hoeveel mensen staan er voor me? Onmogelijk te zeggen. Veertig? Vijftig? Zeventig? Ik heb nog nooit zo veel journalisten gezien. Ze vormen een ware muur van microfoons en camera's. En dan tel ik de nieuwsgierigen achter het veiligheidskordon niet mee.

Alles staat al klaar voor mijn eerste optreden voor de wereldpers. Er is zelfs een katheder neergezet.

Nu pas dringt tot me door waar ik aan begonnen ben. Ik merk dat de zaak van mijn zoon veel belangrijker is, veel meer reacties oproept dan ik dacht. Ik voel me opeens piepklein. Hoe houd ik het hoofd koel ten overstaan van al die mensen die wachten op de eerste woorden van 'de moeder van de terrorist', hoe kan ik voorkomen dat ik in hun hinderlagen loop? Ik heb het gevoel dat ik in het hol van de leeuw zit. Als ik maar niet ga huilen; ik moet me waardig gedragen. De eerste vragen worden afgevuurd.

'Hoe kunt u nog van uw zoon houden na wat hij heeft gedaan?' 'Wat vindt u van de aanslagen van 11 september?' 'Steunt u de strijd van uw zoon?'

Hun vragen maken me duidelijk hoe de Amerikanen Zacarias zien: hij is in zijn eentje het vleesgeworden kwaad, de vijand.

Ik begin te praten, zonder al te veel na te denken over wat ik zeg. De woorden komen recht uit mijn hart. 'Nee, ik zeg niet dat mijn zoon onschuldig is. Als hij iets slechts heeft gedaan, moet hij berecht worden, maar ik wil niet dat hij een zondebok wordt.' 'Ja, ik houd van mijn zoon, want hij zal altijd mijn zoon blijven. Ik weet zeker dat alle moeders zullen begrijpen wat ik zeg.' 'Ja, ik heb gehuild toen ik zag hoe de torens instortten en ik huil nog steeds als ik denk aan alle moeders die bij deze aanslagen hun kind hebben verloren.'

Ik zie de gezichten tegenover mij ontspannen; sommigen lachen zelfs. De journalisten beseffen dat ik geen militante strijdster of advocaat ben. Ik ben gewoon een moeder die op zoek is naar gerechtigheid en de waarheid.

Eindelijk komen we aan in het hotel. Mijn kamer biedt uitzicht op een groot bakstenen gebouw. Ik weet niet waarom, maar ik kan mijn ogen er niet van afhouden, alsof iets of iemand daarbinnen me roept.

Twee dagen later zet ik de televisie aan en zie ik een foto van Zacarias. Ik weet niet wanneer hij is gemaakt. Hij heeft een baard en, het belangrijkste, een waanzinnige blik in de ogen die me doodsbang maakt. Daarna laten ze de gevangenis zien waar hij opgesloten zit: ik herken het grote bakstenen gebouw aan de overkant van de straat!

Ik wilde niet te ver van de gevangenis zijn, maar ik had niet verwacht dat ik het gebouw vanuit mijn raam zou kunnen zien, dat ik ieder moment zou worden geconfronteerd met dit symbool van de nachtmerrie waarin ik leef.

De volgende dag regelt mr. Roux een afspraak met mr. Gérald Zerkin, een van de pro-Deoadvocaten die aan Zacarias zijn toegewezen. Omdat er geen professionele tolk bij is verloopt de communicatie moeizaam. Maar wat ik uit zijn woorden begrijp, nadat ik hem heb verteld wat Zacarias in zijn brief schreef, doet het bloed in mijn aderen stollen: 'Weet u,' zegt mr. Zerkin op onverschillige toon, 'ik ben al twintig jaar advocaat en alle moeders van de criminelen die ik ken, vertellen me dat hun zoon niets heeft gedaan, dat hij onschuldig is, dus...'

Ik ben verbijsterd. Hoe kan hij mijn zoon verdedigen als hij overtuigd is van zijn schuld nog voordat hij hem heeft ontmoet? Het leven van mijn zoon staat op het spel en hij haalt zijn schouders op, alsof ik de moeder van een professionele bankovervaller ben! Het wordt me te veel. Ik sta op om de kamer uit te lopen, maar mr. Roux houdt me tegen en probeert me ervan te overtuigen dat we moeten blijven, dat we hen nodig hebben.

Hij maakt van de gelegenheid gebruik om te vragen of hij officieel aan hun team kan worden toegevoegd.

'Maar wie bent u eigenlijk?' vraagt mr. Zerkin aan hem. 'Bent u de advocaat van Madame el-Wafi?'

'Nee, zeker niet, ik ben gekomen om Zacarias te verdedigen.'

'Ah. Laat uw cv maar achter, we bellen u wel,' zegt de Amerikaanse advocaat alleen.

Ik laat hem de brief van Zacarias zien. 'Ziet u, hij zegt dat hij onschuldig is! Hij is een moslimstrijder, dat is waar, maar hij heeft niets te maken met deze gebeurtenis. Ik weet dat hij niet liegt,' zeg ik tegen de advocaat.

Nog verbluft door wat hij zojuist zei, kan ik alleen maar vragen of ze me willen helpen mijn zoon te zien.

'Nee, dat is op dit moment niet verstandig,' antwoordt mr. Zerkin.

Hij legt uit dat we alleen in het bijzijn van de FBI mogen praten en dat alles wordt opgenomen. Ze willen niet het risico lopen dat Zacarias dingen zegt die in het proces tegen hem kunnen worden gebruikt.

Het is ondraaglijk. Hij zit een paar honderd meter bij me vandaan in die gevangenis en ik kan niet met hem praten of hem aanraken. Zacarias, lijd jij net zo als ik? vraag ik woordloos terwijl ik door het raam naar het bakstenen gebouw staar, mijn ogen gevuld met tranen.

2 januari 2002. Het is de dag van de hoorzitting van Zacarias. Ik mag erbij zijn, maar op het laatste moment besluit ik niet te gaan. Ik kan het niet aan om hem in handboeien te zien, in zijn gevangeniskleding. Ik volg de gebeurtenissen liever op televisie. Maar ik begrijp er niet veel van. Bovendien tonen ze steeds dezelfde foto van Zacarias, de foto die ik nooit meer wil zien. Wat ik ook doe, waar ik ook ga, ik kan deze pijn die me in de houdgreep heeft niet van me afschudden.

Als mr. Roux terugkomt gun ik hem niet eens de tijd om adem te halen: 'Hoe gaat het met hem? Is hij net zo dik als op de foto?'

'Nee, hij ziet er normaal uit, hij is magerder geworden.'

De hoorzitting is niet zo goed verlopen. Zacarias nam het woord, maar alleen om te zeggen dat hij weigert schuldig of onschuldig te pleiten.

Dat deed hij om ze dwars te zitten, want om in het Amerikaanse recht een proces te kunnen voeren, moeten ze weten wat hij pleit. Maar de rechter wist de hindernis te omzeilen. Ze interpreteerde zijn zwijgen als 'onschuldig', en opende officieel het vooronderzoek.

Daarop verliet Zacarias de rechtszaal terwijl hij brulde dat hij zijn leven in de handen van God legde en dat hij de 'slaaf van Allah' was. De kranten blijven maar doorzeuren over deze uitspraak, maar ze weten niet dat het gaat om een alledaagse uitdrukking die Arabieren gebruiken als ze niet meer weten wat ze moeten zeggen, als hun leven in een impasse zit. Het is figuurlijk bedoeld, maar het is koren op de molen van degenen die mijn zoon nog zwarter willen maken. Helaas is dat helemaal niet nodig.

Met een gebroken hart keer ik terug naar Frankrijk. Ik weet niet of ik Zacarias ooit terug zal zien. In de Verenigde Staten werd me pas echt duidelijk dat hij in zijn eentje symbool staat voor de barbaarse daad die duizenden onschuldigen heeft gedood, dat ze hem nooit zullen laten gaan en dat ze alles zullen doen om ervoor te zorgen dat hij ter dood wordt veroordeeld. En hij probeert niet eens zich te verdedigen, integendeel. Als het zijn doel is om veroordeeld te worden, dan pakt hij het heel goed aan.

18

Terug naar de bron

Januari 2002. Na de spanning van de reis naar de Verenigde Staten keer ik voor enkele dagen terug naar Marokko.

De ontsporing van mijn zoon, zijn verval tot religieus fundamentalisme, brengt me terug naar de ongelukkige perioden in mijn eigen leven. Pijnlijke beelden en herinneringen uit mijn verleden achtervolgen me. Ik voel me verloren. Wat is de zin van al dit leed?

Nu er een allesverwoestende wervelstorm door mijn leven en dat van Zacarias jaagt, voel ik de behoefte om bij de bron naar antwoorden te zoeken. Ik wil vooral mijn moeder weer zien. Ik wil meer weten over mijn geboorte, mijn kindertijd. Over al die kleine dingen waar ze me nooit iets over heeft verteld. Maar ze biedt weerstand. 'Waar wil je over praten? Er valt niets te vertellen en, bovendien, het verleden is het verleden,' antwoordt ze kortaf.

In onze cultuur praten ouders en kinderen niet echt met elkaar, alsof dat taboe is. Ze begrijpt niet dat ik wil weten waarom ik me als kind niet op mijn plek voelde, me niet geliefd voelde. Waar komt mijn diepgewortelde verlangen vrij te zijn, me los te rukken van de gewelddadige tradities uit een voorbije tijd vandaan?

Ik zoek naar de losse puzzelstukjes, naar een sleutel die me helpt het antwoord te vinden op de vraag hoe dit alles heeft kunnen gebeuren.

Ondanks de afwerende houding van mijn moeder zet ik door: 'Op welke dag ben ik geboren? Was het mooi weer of sneeuwde het? Besteedde mijn vader aandacht aan mij?'

'Ik herinner me vooral dat ik je in mijn eentje ter wereld heb gebracht. Er was niemand thuis. Dat is de reden dat ik ben begonnen vrouwen uit het dorp bij de bevalling te helpen,' vertrouwt ze me uiteindelijk toe.

'Maar als je weet op welke dag ik ben geboren, waarom hebben jullie dan nooit mijn verjaardag gevierd?'

'Wat heeft dat voor zin?' antwoordt ze. 'Mijn moeder vierde de mijne ook nooit.'

In die tijd kon het niemand in de Arabische wereld wat schelen op welke dag je geboren was, of het een mooie dag was of niet. Niemand was geïnteresseerd in dat soort onbeduidende details, die toch het verschil betekenen tussen zomaar een van de vele geboorten en het begin van een persoonlijke geschiedenis. Zeker als je de pech hebt als vrouw te worden geboren. Een vrouw hoeft niet te weten wanneer ze geboren is, wanneer ze jarig is. Net zomin als het nodig is dat ze de naam van haar toekomstige man weet of weet wie hij is tot het moment dat ze tegen haar zeggen: 'Kijk, deze man is voor jou.' Dat overkwam mij en dat overkwam ook mijn moeder toen ze nog maar elf was. 'Ik heb geluk gehad,' legt ze uit, 'je vader was heel fatsoenlijk. Pas na de geboorte van je broer werd hij harder.' Heel fatsoenlijk... Dus dat was het enige wat mijn moeder van haar echtgenoot verwachtte, net als miljoenen andere vrouwen! Hoe kan ik haar laten begrijpen dat liefde het belangrijkste is wat er is, dat niemand over het leven van een ander mag beslissen?

Voor het eerst heb ik het idee dat ik met mijn moeder een gesprek heb van vrouw tot vrouw. Ze bekent zelfs dat ze nooit van mijn vader heeft gehouden.

'Als je vader me niet vergeeft, ga ik niet naar het paradijs, want ik heb hem veel leed bezorgd.'

'En als een man zijn vrouw leed bezorgt?'

Ze kijkt me lang aan, zonder echt te begrijpen waar ik heen wil.

'Maar voor ons is het anders, wij zijn vrouwen,' verzucht ze uiteindelijk.

Ik kijk haar aan zonder te antwoorden. Maar ze raadt dat ik medelijden met haar heb omdat ze zich schikt in haar lot.

'Voor jou is het gemakkelijk om zo te denken,' gaat ze verder, 'maar jouw tijd en de mijne zijn verschillend.'

'Maar jij hebt me gedwongen in jouw tijd te leven! Zelf wilde ik dat niet. Mijn hele leven heb ik geroepen in een blinde en dove wereld.'

Meer dan ooit ben ik me bewust van de kloof tussen mij en dit land, zijn tradities en degenen die die tradities voortzetten zonder vragen te stellen. De mannen hebben de islam naar hun smaak ingericht. Ze hebben wetten opgesteld die hun dienen. De vrouw wordt terzijde geschoven als een onbeduidende slavin in een maatschappij die door en voor mannen is gemaakt. De mensheid is erin geslaagd de slavernij officieel af te schaffen, maar ze vergat dat alle islamitische vrouwen slavinnen zijn van mannen, niet alleen van hun echtgenoot, maar ook van hun broer, oom, neef, et cetera. Als ik op de televisie uitzendingen zie over Arabische landen, vraag ik me steeds af: waar zijn alle vrouwen? Ze zijn onzichtbaar, niemand heeft het over ze. Hoe kan dit dan mijn wereld zijn?

Als ik Marokko verlaat voel ik zowel vreugde omdat ik mijn dierbaren heb gezien als verdriet omdat we nog steeds in gescheiden werelden leven.

Ik had nooit gedacht dat ik in mijn eentje de problemen van mijn kinderen zou moeten zien op te lossen. De hoop op een normaal leven is allang vervlogen, het enige wat ik wil is overleven. De familie Moussaoui heeft me gebroken. Zie hier het resultaat van een gearrangeerd huwelijk zonder liefde, dat voortkwam uit barbaarse gewoonten en een absurde mentaliteit en dat van het begin af aan gedoemd was.

19

Een gevecht op leven en dood

28 maart 2002. Tien uur 's ochtends. John Ashcroft, de Amerikaanse minister van Justitie, maakt bekend dat hij de doodstraf eist tegen mijn zoon.

De volgende dag, 29 maart, ga ik met de auto naar een persconferentie in Montpellier. Ik leg de kilometers af op de automatische piloot, als een robot. Mijn gedachten zijn elders.

Alle vragen van de journalisten gaan uiteraard over de doodstraf. Ze willen weten 'wat dat met me doet', of ik me ga verzetten, et cetera.

Ik word overspoeld door pijnlijke herinneringen: mijn eerste twee kinderen zijn gestorven door armoede en geweld. Dat is een wond in mijn ziel die nooit zal helen en ik wil niet nog een kind verliezen aan barbarij en onrechtvaardigheid. Ik kan het niet opbrengen hun vragen te beantwoorden en vlucht de badkamer in waar ik moet overgeven van de pijn in mijn buik.

Als ik thuiskom stort ik in. Welke vloek is er over mij uitgesproken? Ik denk aan mijn andere zoon, Abd-Samad. Ook hem heb ik verloren. We hebben elkaar al in geen jaren gezien, sinds het moment dat hij met zijn nichtje Fouzia wegliep en boosaardigheid en jaloezie bezit namen van zijn hart. Het enige wat ik over hem weet, hoor ik van mijn dochter Jamila. Zo verneem ik dat ook hij de islam heeft omarmd, maar dan een heel andere islam dan Zacarias.

Misschien is dat de reden dat Abd-Samad, sinds Zak in de gevangenis zit, zo zijn best doet hem in de media in een kwaad daglicht te stellen en af te schilderen als fanaticus, als terrorist. Hij vertelt de journalisten precies wat ze willen horen en voedt het idee dat zijn broer is opgegroeid in een sfeer van haat.

Zo stoot mijn eigen zoon een dolk in mijn hart. Het vervult me met afschuw. Ze waren vroeger zo hecht, onafscheidelijk. Ik kan niet geloven dat er nu zo veel animositeit tussen hen heerst.

Door te zeggen dat dit hem 'niet verbaast', dat hij 'extremisti-sche' ideeën had, veroordeelt Abd-Samad zijn eigen broer nog voordat de wereld dat doet! Hoe kunnen broers die samen zijn opgegroeid, geheimen, vreugde en verdriet hebben gedeeld en elkaar alles vertelden over hun eerste ervaringen met meisjes, zoiets doen? Wat doet het een moeder pijn om te zien hoe haar eigen zoons tegenover elkaar komen te staan door dezelfde reli-gie!

Het is onverdraaglijk. Ik moet Abd-Samad bellen. Ik heb geen hoop op verzoening, maar wil hem alleen maar vragen deze afschuwelijke dingen niet meer te zeggen. Ook als hij echt denkt dat ze waar zijn, kan hij er toch op zijn minst over zwijgen! Ieder woord dat hij zegt maakt hem tot medeplichtige van de beulen die Zacarias op de elektrische stoel willen zien.

Er zijn vrienden aanwezig om me te steunen want ik weet dat dit telefoontje een zware beproeving zal worden. Mijn hand trilt als ik de hoorn oppak.

'Hallo, ik ben het.'

'Wie geeft je het recht me te bellen?' antwoordt hij agressief.

'Ik ben je moeder, ik heb het recht je te bellen, ook al…'

'Wie heeft je mijn nummer gegeven?' gaat hij verder. 'Je hebt mij niet te bellen! Ik wil het niet! Als je me blijft lastigvallen zul je nog wat beleven. Dan kom ik persoonlijk naar je toe in Narbonne.'

'Je geeft iedereen les over de islam, maar je bent vervuld van haat. Dat heeft niets met de islam te maken…'

Het gesprek is niets anders dan een lange reeks beledigingen en een hoop geschreeuw. Uitgeput hang ik op, bijna in tranen. Ik besef dat allebei mijn zoons gevangenen zijn: de ene is geketend door zijn haat en verblindheid, de andere zit vast in een Amerikaanse gevangenis terwijl hem de doodstraf boven het hoofd hangt.

20

De bezoekersruimte

22 april 2002. Een ramp! Zacarias heeft zojuist aangekondigd dat hij van plan is zijn advocaten af te wijzen en dat hij zichzelf wil verdedigen.

Een paar uur later bellen zijn 'ex'-advocaten me. 'Als hij echt volhardt in het plan om zichzelf te verdedigen, graaft hij zijn eigen graf,' zeggen ze.

De rechter heeft hem twee maanden extra bedenktijd gegeven. Daarna moet hij zijn beslissing officieel bekendmaken voor de rechtbank. De advocaten willen dat ik van dat uitstel gebruik-maak om hem van gedachten te doen veranderen.

'Maar ik dacht dat ik hem niet mocht zien...'

'Maakt u zich geen zorgen, wij regelen alles...'

Ik word heen en weer geslingerd tussen tegenstrijdige gevoelens. Aan de ene kant zeggen de advocaten dat Zacarias met zijn leven speelt, maar aan de andere kant vertellen ze me dat ik hem misschien eindelijk kan zien.

Hoe zou hij er nu uitzien? Heeft hij nog dezelfde blik? Plotse-ling word ik somber als ik me realiseer dat ik hem zal weerzien in de sinistere omgeving van de extra beveiligde gevangenis.

Ik weet dat de omstandigheden van zijn gevangenschap afschu-

welijk zijn: hij zit in eenzame opsluiting. Ondanks dat wordt hij
regelmatig gefouilleerd. Hij mag geen kranten lezen of een televisie in zijn cel hebben. Hij mag niet eens een brief sturen of ontvangen. Hij is volledig van de wereld afgesneden. In zijn cel staan
geen meubels en hij slaapt op een eenvoudige stromatras. Vier-
entwintig uur per dag is er een camera op hem gericht, waar hij
ook gaat, zelfs op de wc. Het licht blijft altijd aan, ook 's nachts,
en de bewakers maken hem ieder halfuur wakker! De Amerikaanse advocaten leggen me uit dat dit alles vooral is bedoeld
om hem te beschermen, om te voorkomen dat hij zelfmoord
pleegt. Dat kan zijn, maar ik denk dat de kans groot is dat hij op
deze manier gek wordt!

11 juni 2002. Ik sta voor de gevangenis van Alexandria, een bui-
tenwijk van Washington.

Lange tijd blijf ik roerloos staan kijken naar het indrukwekkende, bakstenen gebouw. Ik probeer me voor te stellen hoe de
dagen van mijn zoon in zijn kleine cel eruitzien. En mijn ogen
vullen zich met tranen.

Het is de eerste keer dat ik een gevangenis betreed. Toen we
getrouwd waren zat Omar, de vader van de kinderen, een paar
keer in de gevangenis vanwege vechtpartijen, maar ik wilde er
nooit een voet binnen zetten.

Ik ben bang voor wat ik daarbinnen aantref, maar toch kan
niets me ervan weerhouden mijn zoon te bezoeken. Er hangt een
sombere sfeer. Ik loop eerst door een enorme lege gang waar geen
einde aan lijkt te komen. Met regelmatige intervallen openen en
sluiten glazen deuren zich automatisch als ik ze passeer. Dat
alles in het zicht van tientallen camera's. Er hangt een scherpe,
zware geur. Ik ben ieder besef van tijd kwijt als er eindelijk een

bewaker verschijnt om me te fouilleren. Dan vragen ze mij en de twee advocaten te wachten in een klein zaaltje. Daar zitten ook vier FBI-agenten en twee bewakers. Ze kijken me allemaal zwijgend en minachtend aan. Het is duidelijk: voor hen ben ik niets meer dan 'de moeder van de terrorist' en ze zijn mij net zo weinig respect verschuldigd als mijn zoon. Laat ze maar denken wat ze willen, het kan me niets schelen. Ik ben hier voor Zacarias en nergens anders voor.

Dan gaat de deur open en verschijnt een bewaakster. Ze is een zwarte, sterke vrouw en terwijl ik haar bekijk zeg ik bij mezelf dat ze het niet verdient om in een gevangenis te werken want ze straalt goedheid en vriendelijkheid uit.

Ze legt me op meelevende toon uit dat mijn zoon me vandaag niet wil zien maar morgen wel. Hij wil zich liever concentreren op de voorbereiding van zijn afspraak met de rechter. Mijn ogen vullen zich met tranen.

'Luister,' zegt ze tegen me, 'ik zal het nog eens proberen. U bent tenslotte zijn moeder...'

'Wacht,' zeg ik, terwijl ik een foto van mezelf uit mijn handtas haal. 'Wilt u deze aan hem geven?'

'Natuurlijk, mevrouw.'

Een kwartier later komt ze terug zonder dat ze erin geslaagd is hem van gedachten te doen veranderen. 'Maar hij heeft de foto aangenomen, hij heeft hem tegen zich aan gedrukt, tegen zijn gezicht en zijn hart. Toen heb ik hem gezegd dat u morgen weer langskomt en dat hij dan maar beter zijn gezicht kan laten zien, anders grijp ik hem bij zijn lurven en sleur hem hiernaartoe,' zegt ze glimlachend. Ook ik glimlach als ik de scène voor me zie. De menselijkheid van deze vrouw verzacht de pijn vanwege het feit dat ik mijn zoon niet te zien krijg. In haar ogen lees ik dat ik voor haar niet de moeder van een terrorist ben, maar gewoon een moeder, net als zij, die lijdt om haar zoon.

12 juni. Ik heb vannacht bijna niet geslapen. Om negen uur wordt Zacarias naar het gerechtsgebouw gebracht om te zeggen of hij zijn advocaten wel of niet accepteert.

Voor de deuren van het gebouw staat een enorme menigte, vooral journalisten. Omdat ze niet weten dat ik er ben, kan ik rustig naar binnen lopen.

De rechtszaal is vol. Ik ga op de tweede rij zitten om er zeker van te zijn dat ik niets mis.

Enkele minuten later zie ik Zacarias aankomen, tussen twee bewakers in. Ik herken hem nauwelijks. Hij heeft een baard, zijn haren zijn afgeschoren, hij is mager en ziet er vermoeid uit. Hij ziet er, in één woord, sinister uit. Het is een grote schok. De laatste keer dat ik hem zag was vijf jaar geleden. Hij vroeg me op zijn knieën om vergiffenis. Ik dacht toen naïef dat dat was voor zijn gedrag enkele jaren eerder en niet voor wat hij zou gaan doen. En nu staat hij voor me, met het woord PRISONER in grote letters op zijn rug terwijl hem de doodstraf boven het hoofd hangt. Ik sta op zodat hij me kan zien en hij wuift naar me. Het is maar een klein gebaar, maar het vult mijn hart met vreugde en hoop. Het betekent dat ze zijn geest niet hebben gebroken, dat hij niet ten prooi is gevallen aan waanzin en dat we hem dus kunnen verdedigen.

De rechter praat en praat en praat... Dan is het de beurt aan de advocaten. Zacarias windt zich op, voortdurend vraagt hij toestemming om zelf te spreken en maakt hij duidelijk dat hij niets te maken heeft met wat er gaande is. Maar steeds weer antwoordt de rechter dat hij nog niet aan de beurt is, dat ze niet hier zijn om hem te horen vertellen wat hij wel of niet heeft gedaan, maar alleen maar om te weten of hij zichzelf wil verdedigen of niet. Zacarias zet door, maar de rechter blijft weigeren. De spanning tussen beiden is voelbaar. Hij spreekt als laatste, na 'zijn' advocaten. Ik merk dat hij extreem gespannen is en bid dat hij aankondigt dat hij zijn advocaten zal aanvaarden. Maar hij staat op en eist op plechtige toon het recht zichzelf te verdedigen, zonder advocaten. Zijn woorden komen aan als een dolksteek. Het is zover, alles is voorbij, hij is verloren. Hoe kan hij in zijn eentje winnen van het Amerikaanse rechtsapparaat?

Enkele minuten later staat hij op en gaat hij terug naar zijn cel.

Vlak na de rechtszitting, om twee uur, sta ik weer voor de gevangenis. Op het moment dat ik het gebouw betreed, voel ik dezelfde angst als de dag ervoor, dezelfde krampen in mijn buik. Deze plek jaagt me de stuipen op het lijf. Ik ben uitgeput en loop als een slaapwandelaar door de gangen.

Deze keer wil hij me wel zien. Ik heb maar een uur bezoektijd, een piepklein uurtje, terwijl ik hem sinds 1997 niet heb gezien en sinds acht maanden niets meer van hem heb gehoord!

Met een lift die is uitgerust met zichtbare beveiligingscamera's gaan we naar de bezoekersruimte. We komen uit in een gang waaraan verschillende bezoekersruimten liggen, die in tweeën zijn gedeeld door een glazen wand. Tot mijn eigen verrassing schiet de gedachte door mijn hoofd dat ze lijken op de kleine, anonieme zaaltjes die je in Amerikaanse films ziet.

Zacarias zit in de derde bezoekersruimte, achter glas. Ik ga tegenover hem zitten, op een betonnen bankje. Ik heb mezelf beloofd me waardig te gedragen en niet te huilen, omdat ik niet wil dat hij ziet hoe ik me voel of het gevoel krijgt dat ik hem onder druk zet, maar ook omdat ik niet te kijk wil staan ten overstaan van de FBI-agenten. Zijn ene hand is vastgeketend aan een riem om zijn middel en de andere houdt de hoorn vast waar we doorheen praten. Ik kijk naar zijn gezicht, zijn ogen en geloof dat ik daarin angst zie.

Maar hij is degene die het eerst spreekt. Hij vraagt of ik nieuws heb en zegt dat ik me geen zorgen hoef te maken, dat alles goed zal komen.

'En jij,' vraag ik, 'hoe gaat het met jou?'

'Goed hoor,' antwoordt hij, 'maak je over mij maar geen zorgen.'

Ik geloof hem niet. Hoe kan het goed met hem gaan als hij de dood in de ogen kijkt en de omstandigheden van zijn gevangenschap hem iedere dag verder verzwakken? Ik weet dat hij aan de directie heeft gevraagd of het licht in de cel 's nachts uit mag, maar dat het verzoek niet is ingewilligd. Iedere dag mag hij een kwartier wandelen, alleen, in een afgesloten ruimte. Zelfs de rechercheurs krijgt hij alleen achter glas te zien, nadat hij is gefouilleerd!

Ik begrijp niet wat hij met zijn dagen doet, hoe hij de tijd doorbrengt. Ik heb het gezicht van mijn kind zo lang niet gezien dat ik maar één ding wil: hem vertellen dat ik van hem houd, dat mijn hart alleen maar voor hem klopt. Instinctief leggen we allebei onze hand tegen het glas. Maar na enkele minuten leg ik mijn handen op mijn knieën in een poging mijn trillende benen te bedwingen. De emotie en de spanning zijn ondraaglijk. Ik wil hem in mijn armen sluiten, met hem huilen, maar uiteraard is dat onmogelijk. Ik zou hem duizend vragen willen stellen, maar de advocaten hebben me verboden met hem over zijn dossier te praten omdat dat zich tegen hem kan keren.

Ik hoef niets te zeggen, hij leest mijn vragen in mijn ogen.

'Ik ben onschuldig. Je moet niet alles geloven wat ze zeggen,' zegt hij plotseling. Weet je, ze kunnen me niets maken,' gaat hij verder. 'Bovendien liet de Amerikaanse overheid me op 10 september in de gevangenis van Minnesota, waar ik toen zat, weten dat ik twee dagen had om het Amerikaanse territorium te verlaten. Wat bewijst dat ze niets tegen mij hebben kunnen vinden en dat ik in hun ogen onschuldig was. En op 12 september stormden ze plotseling de gevangenis binnen en brachten ze me naar een geïsoleerde afdeling. Ik wist niet wat me overkwam.'

Ik denk aan het advies van de advocaten en weet dat we ons op gevaarlijk terrein begeven. Dus in plaats van de vragen te stellen die op mijn lippen branden, breng ik het gesprek op een ander onderwerp en vertel ik hem over zijn zusters die onafgebroken worstelen met alledaagse problemen, over mijn moeder die hij in 1998 heeft bezocht, over zijn neven. Het is een surrealistisch gesprek.

Ik vertel hem over trivialiteiten en hij herhaalt steeds maar weer dezelfde zinnen: 'Ik zweer dat ik niets heb gedaan. Als de Amerikanen me willen veroordelen, doen ze dat om mijn ideeën en nergens anders om.'

Eigenlijk geloof ik dat we ons allebei niet op ons gemak voelen met deze absurde situatie: wij tweeën, tegenover elkaar in deze steriele bezoekersruimte. Hij, die ervan wordt beschuldigd deel uit te maken van de ergste terreurgroep ter wereld, en ik, die vol enthousiasme alle nieuwtjes vertel over de familie, bijna alsof er niets aan de hand is, alsof alles volstrekt normaal is.

Na een uur klinkt de bel. Het bezoek is ten einde, maar hij blijft doorpraten. Een bewaker komt naar hem toe en legt een hand op zijn schouder om duidelijk te maken dat hij terug moet. Het voelt alsof mijn bezoek maar een paar minuten heeft geduurd.

De bezoekersruimte

Zacarias rukt zich los en zegt in het Engels dat hij hem met rust moet laten. Dan drukt hij eerst zijn hand en dan zijn lippen tegen het glas. Ik leg mijn hand tegen de zijne en nadat hij me zo heeft omhelsd staat hij op.

Mijn hart staat stil. Nu begrijp ik waarom hij niet meteen opstond toen de bel klonk: hij wilde niet dat ik hem zou zien met zijn handen en voeten vastgeketend aan zijn riem.

Twee dagen later ga ik terug naar de gevangenis.

De advocaten raden me aan te proberen de Zacarias die ik ken weer terug te halen. Ze willen dat ik hem steeds weer vertel over de familie, zijn kindertijd, zijn verleden, dat ik hem foto's laat zien, dingen zeg die hem raken. 'Als hij begint te lachen of te huilen, is dat een goed teken,' zeggen ze. Hier zijn ze bezig een robot van hem te maken, een krijger, een levende martelaar van de heilige oorlog, dat is zijn tragiek. Ik moet de persoon die hij was terugbrengen. Had ik maar meer geld, dan zou ik hier blijven, dan zou ik een kamer huren om hem minstens één keer per week te bezoeken. Kom ik hem maar vaker zien om hem te helpen bij zichzelf terug te komen, weer degene te worden die hij was!

De strategie lijkt te werken. Hij ontspant een beetje. Hij glimlacht zelfs als ik over zijn grootmoeder vertel en het lijkt wel of hij een fractie van een seconde het hier en nu vergeet. Hij lacht, zijn ogen stralen, hij lijkt bijna gelukkig. En dus ben ik ook gelukkig. Het is alsof we even van de wereld zijn. Ook al hoor ik het hele bezoek door in de hoorn: 'U heeft nog een kwartier, tien minuten, vijf...' En dan brengt de bel ons wreed terug naar de realiteit. Zijn gezicht verandert, hij kijkt bezorgd: 'Mama, vergeet vooral niet dat ik van je houd, dat ik het hier alleen maar volhoud door aan jou te denken. Sinds jij hier langskomt slaap ik veel beter...' De laatste blik die we wisselen voordat we worden gescheiden, blijft me bij tot mijn volgende bezoek.

Het is halftien op de dag van het derde en laatste bezoek. Ik probeer niet te laten zien dat ik ongelukkig ben. Ik staar hem aan en zie het gezicht van een dode. Zijn blik is leeg, flets. Zijn dunne haar, zijn zwarte baard waar hij de hele tijd overheen strijkt, zijn witte handen: hij lijkt wel een oude man.

Hij vraagt naar zijn vader, zijn broer. Hij wil dat ik over iedereen praat behalve over hem en wil mij alleen maar laten weten dat alles goed gaat, dat hij zijn gebeden opzegt. Wat moet ik daarop zeggen? Ik vertel hem dat ik hem mis, al jaren. Die vervloekte, fanatieke 'sekte' was sterker dan ik en hield hem bij me weg.

Het moeilijkste is hem te laten inzien hoe ernstig de aanklachten tegen hem zijn.

'Luister niet naar ze, ik verdedig alleen de islam en de rechten van de moslims, ik ben geen moordenaar. Ik heb schone handen, ik hoor niet in de gevangenis thuis. Ze kunnen de pot op!'

'Ssst, alles wordt opgenomen.'

'Kan me niet schelen,' zegt hij met een uitdagende glimlach.

Dan begint hij me uit te leggen dat ik mijn gebeden moet opzeggen opdat we elkaar allemaal zullen terugzien in het paradijs en daarboven een goed gezin zullen vormen, dat het zijn plicht is mij aan de woorden van God te herinneren en dat ons leven op aarde eindig is. Ik heb het gevoel dat ik droom. Hoe ik bid gaat niemand iets aan. Natuurlijk ken ik de basiswaarden van mijn religie, weet ik 'dat er geen God is behalve God' en 'dat Mohammed zijn profeet is'. De vijf pijlers van de islam ken ik uit mijn hoofd. Niemand hoeft mij te vertellen hoe ik moet leven, en ik hoef ook niemand anders de les te lezen. Ik wil hem ook zeggen dat ik alleen maar een hoofddoek draag om hem een plezier te doen. Normaal doe ik het niet graag; het voelt als een vermomming.

Hij drukt zich anders uit dan eerst, behalve als hij me 'mijn kleine mama' noemt. Hij praat alleen maar over de islam, maar dan een volkomen onnatuurlijke islam, waar alles draait om strijd en opoffering, een islam die niets te maken heeft met het leven.

Ik herken hem niet meer. Dit is mijn zoon niet! De persoon die tegenover me zit is niet 'Zacary'. Waar is de Zacarias die graag plezier maakte en lachte? Het lijkt wel of hij is toegetreden tot een sekte die hem heeft gehersenspoeld en volledig heeft afgesneden van de realiteit.

Hij zegt dat hij me zal beschermen zodra hij vrijkomt.

Ik antwoord dat ik maar een oude vrouw ben, dat er niet veel te beschermen valt en dat hij beter zichzelf kan beschermen.

Ik maak van de gelegenheid gebruik om te proberen hem tot rede te brengen: 'Maar toch moet je je advocaten toestemming geven je te verdedigen. Je maakt geen enkele kans als je hen niet laat helpen.'

'Integendeel,' antwoordt hij. 'Ook zij willen mijn dood. Het is een valstrik. Ze worden betaald door de regering.'

'Maar wat denk je dan te bereiken? Je staat in je eentje tegenover de Amerikanen. Denk je echt dat je jezelf vrij krijgt?'

'Maak je geen zorgen, mama, je zult het zien: ik zal winnen.'

Ik ben bang. Hij is vastbesloten zichzelf te verdedigen. Ik kan aandringen wat ik wil, er is niets aan te doen. Hij is ervan overtuigd dat iedereen, zelfs zijn advocaten, deel uitmaakt van een complot tegen hem.

Nadat hij even heeft nagedacht, vraagt hij me toch contact op te nemen met een advocaat in Londen, Sadiq Khan, die goed thuis is in het milieu van de moslimstrijders. Ik heb geen pen en papier, dus schrijf ik zijn naam met mijn kohlpotlood in mijn hand.

'Goed, maar weet je, omdat je een islamitische advocaat wilde, heb ik er hier een gezocht en ik vond iemand die je graag wil verdedigen. Hij is van Libanese afkomst.'

'Nee, nee, laat maar, dat wil ik niet,' antwoordt hij kortaf.

'Maar ik heb al een lening afgesloten om hem te betalen. Ik heb hem al achtduizend francs gegeven.'

'Waarom heb je dat gedaan?'

'Ik heb niet veel geld, weet je, en ik wilde je helpen...'

'Dat had je niet moeten doen, je weet heel goed dat moslims geen geld mogen lenen.'

'Wat zeg je nou? Kijk dan naar me, ik ben alleen en dit is allemaal veel te ingewikkeld voor mij. Ik weet niet of het me lukt...'

Ik voel me verloren. Hij vraagt me hem te helpen, naar het Amerikaanse Congres in Washington te gaan om zijn zaak te bepleiten, te laten zien dat de FBI heeft gelogen. Hij vergeet dat ik maar een moeder ben, een eenvoudige gepensioneerde vrouw die in een klein stadje woont en op haar dertigste op de avondschool heeft leren lezen en schrijven.

Ik verlaat de gevangenis met gemengde gevoelens. Ik ben gelukkig omdat ik eindelijk mijn zoon heb teruggezien en weet dat zijn gevangenschap zijn geest niet heeft gebroken, maar ik ben ook vervuld van angst omdat hij per se geen advocaat wil.

Toch bewegen zijn Amerikaanse advocaten hemel en aarde om de onschuld van Zacarias aan te tonen. Ze hebben al informatie verzameld die zou moet aantonen dat de aanklacht nergens op is gebaseerd, dat Zacarias niets te maken heeft met 11 september. Bovendien wordt Zacarias in geen enkele document, geen enkel briefje genoemd. En tot slot zijn er een heleboel tegenstrijdigheden: de contacten die hij had in de Verenigde Staten, de telefoontjes die hij pleegde, de dingen die hij deed vóór zijn arrestatie twee maanden voor 11 september, corresponderen niet met de activiteiten van de leden van het commando. Iedereen die meewerkte aan de voorbereiding van 11 september kende elkaar. Zacarias kende niemand. Ze hadden allemaal onderlinge banden, maar niemand kende hem. Hoe kan hij dat in zijn eentje allemaal bewijzen, hoe kan hij al die documenten verzamelen?

Voor mijn vertrek vraagt hij me toch contact op te nemen met een advocaat die hem heeft bezocht, een zekere 'broeder Freeman' zoals hij hem noemt. Hij wil dat ik met hem samenwerk en dat ik hem voorstel aan de media.

De volgende dag ontmoet ik hem. Het is een zwarte Amerikaan met een baard en een *djellaba*. Hij is imposant en komt zeer zelfverzekerd over. Ik vraag hem wat hij van de situatie denkt en of hij bereid is mijn zoon te helpen.

'Uw zoon heeft zijn eigen weg gekozen,' zegt hij. 'Hij weet wat hij doet en als hij als martelaar wil sterven, is het niet mijn taak om hem tegen te houden. Maar maakt u zich geen zorgen, ik zal naast hem staan als hij wordt geëxecuteerd.'

Hij houdt me zeker voor de gek, dit kan toch niet waar zijn! Het lot van mijn zoon laat hem volkomen koud en het kan hem ook niet schelen of hij schuldig of onschuldig is. Ik sta als aan de grond genageld. Dan zie ik dat hij de ketting van de salafisten draagt, een religieuze stroming die een zeer strenge vorm van de islam uitdraagt. Ik begrijp dat deze man meer moslim is dan advocaat. In zijn handen is Zacarias al bij voorbaat veroordeeld...

De volgende dag spreekt hij met me af om de persconferentie voor te bereiden waar Zacarias om heeft gevraagd. Met deze man is dat zelfmoord. Ik ben bang dat hij van de gelegenheid gebruik zal maken om zijn politieke strijd te voeren, terwijl ik alleen maar wil voorkomen dat mijn zoon wordt veroordeeld voor iets wat hij niet heeft gedaan. Bovendien vertrouw ik hem niet. Hoe komt het dat hij urenlang met Zacarias heeft kunnen praten, naast hem mocht zitten om vertrouwelijke informatie uit te wisselen terwijl de advocaten daar geen toestemming voor kregen? Waarom verleende de FBI hem dat voorrecht? Die vraag intrigeert me, maar ik wil het antwoord niet weten. Eén ding is zeker: ik wil dat hij ver bij Zacarias vandaan blijft.

21

De bliksem slaat in in Washington

Na mijn terugkeer mobiliseer ik een paar vrienden om me te helpen gegevens over Sadiq Khan te vinden, de advocaat met wie mijn zoon mij vroeg contact op te nemen. Het duurt lang, maar uiteindelijk lukt het. Op 23 juli spreken we af in Londen.

Ik besluit eerder te vertrekken en een paar dagen bij vrienden te logeren.

In de trein, starend naar het landschap, kan ik alleen maar aan Zacarias denken. Ik kan me nergens anders op concentreren. Wat doet hij nu? Waar denkt hij aan? De telefoon onderbreekt mijn mijmeringen.

Het is een vriend, een van de weinige journalisten met wie ik een band van vertrouwen en vriendschap heb opgebouwd. Met hem kan ik vrijuit spreken, zonder steeds op mijn woorden te hoeven letten.

'Dus je weet nog niet wat je zoon heeft gezegd? Welke rampzalige verklaring hij heeft afgelegd?'

'Nee,' zeg ik, 'nee, ik weet van niets.'

'Je zoon heeft gezegd dat hij schuldig is en dat hij deel uitmaakt van al-Qaida.'

Het voelt alsof ik in een diepe afgrond val. Alain praat door, maar ik hoor hem niet meer. Dit kan niet waar zijn, het is onmogelijk! Hij heeft altijd volgehouden dat hij niets heeft gedaan, dat hij nergens aan heeft meegewerkt. Ik kan het niet geloven, ik wil het niet geloven.

De telefoon rinkelt onophoudelijk. Ongetwijfeld journalisten. Maar ik kan het niet aan ze te woord te staan. De twee uur die de reist nog duurt, lijken een eeuwigheid.

Gebroken kom ik aan in Parijs. Mr. Roux belt om te zeggen dat ze hem blijven verdedigen, ook al wil hij het niet. Ze willen dat ik zo snel mogelijk naar Washington terugkeer om Zacarias van gedachten te doen veranderen. 'U bent de enige die hem zover kan krijgen,' zegt hij. 'De hoorzitting vindt volgende week plaats en als hij schuldig pleit gaat hij een wisse dood tegemoet.'

Houdt de nachtmerrie dan nooit op? denk ik bij mezelf als ik ophang.

De telefoon rinkelt nog steeds; de journalisten zoeken me overal. Om mezelf wat rust te geven raden vrienden me aan om een persconferentie te beleggen. Ik zeg de afspraak met de Engelse advocaat af, en het is snel geregeld: de volgende dag vindt de persconferentie plaats bij Radio-France.

Ik sta tegenover een vijftigtal journalisten, alle media door elkaar, Franse en buitenlandse. Ik ben bang, ik heb bijna niet geslapen en voel me als een opgejaagd dier.

De journalisten barsten los: 'Waarom is uw zoon van gedachten veranderd?' 'Waarom zegt hij dat Bin Laden zijn vader is?'

Wat moet ik antwoorden? De waarheid: ik kan het niet geloven. Hij is niet in zijn normale doen. Ik denk dat mijn zoon is gehersenspoeld door militante moslims of dat hij is ingestort door de zware omstandigheden in de gevangenis, dat hij elk besef van de realiteit kwijt is.

Mijn zoon... mijn zoon, die ik heb grootgebracht, die ik zo graag wilde beschermen toen hij klein was; ik ken hem niet meer terug. Het is ondraaglijk. Ik zal nooit geloven dat deze verschrikkingen waar zijn.

De volgende ochtend vertrek ik naar Washington, voor de derde keer dit jaar. Ik vind de vlucht nog steeds afschuwelijk. Tijdens de landing rukt mijn hart zich los uit mijn borst en gaat als een waanzinnige tekeer. Ik ben bang voor mijn zoon. Hij blijft mijn kind, mijn vlees en bloed... Ik weet dat hij gruwelijke dingen heeft gezegd, dat hij omging met monsters, zelfs dat hij op hen wilde lijken, maar hij was niet echt degene die die dingen zei en deed. Dat was niet mijn Zacarias die ik heb grootgebracht, gewiegd, getroost. Iemand anders heeft bezit genomen van mijn zoon en ik moet hem bevrijden. En dat kan alleen als ik naar hem toe ga en hem duidelijk maak dat ik, als hij besluit terug te keren en deze weg van haat en verwoesting te verlaten, aan zijn zijde zal staan om hem te steunen.

De avond voor de hoorzitting ga ik met de advocaten naar de gevangenis in de hoop hem te zien. Dezelfde bewaakster komt me tegemoet. Ze is nog altijd even lief, even begripvol. Net als de laatste keer, drie maanden eerder, wil Zacarias me niet zien. Hij wil zich liever op zijn verdediging concentreren.

'Zeg hem dan ten minste dat ik van hem houd,' zeg ik tegen de bewaakster. Misschien zal de kracht van mijn liefde zijn hart weer tot leven wekken.

Met een bezwaard gemoed verlaat ik de gevangenis. Ik probeer mijn intense verdriet, dat alleen een gekwetste moeder kan voelen, te verbergen.

De dagen die volgen zijn een kwelling. Ik bid dat mijn zoon zijn verstand terugkrijgt en niet de doodstraf over zich afroept door schuld te bekennen.

25 juli 2002, de gevreesde dag van de hoorzitting. Ik word vergezeld door mijn advocaten en Sadiq Khan, de advocaat om wie mijn zoon vroeg en die zich bij ons heeft gevoegd.

In de rechtszaal staar ik naar Zacarias in de hoop op een teken, een gebaar. Hij ziet me. Ik zie een vreemde gloed in zijn ogen, die me het gevoel geeft dat hij me iets verwijt of me iets wil zeggen. Maar hij legt zijn hand op zijn hart en begroet mij zachtjes met *salaam alaikoem* (vrede zij met u). Ik antwoord: *alaikoem salaam* (vrede zij ook met u).

Eindelijk begint de hoorzitting. Zacarias krijgt het woord. Zijn eerste woorden benemen me de adem. In het Engels bevestigt hij dat hij deel uitmaakt van al-Qaida, dat hij een agent is van Bin Laden, dat hij alle daders van de aanslagen kent.

Aan het einde van zijn rede staat Zacarias op, werpt een blik op Sadiq Khan en verklaart, tot verrassing van iedereen, dat hij onschuldig zal pleiten 'in naam van Allah, om mijn leven als moslim te redden en verdedigen'.

Zijn verhaal is volkomen onsamenhangend. Ik ben verbijsterd. Ik kijk hem aan en ben bang dat hij zijn verstand kwijt is.

Na de hoorzitting vraag ik aan de bewaker of ik mijn zoon mag zien. Weer weigert hij. Terwijl ik zo veel kilometers heb afgelegd om hem zo snel mogelijk dicht bij me te voelen! De spanning wordt me te veel. Ik barst in tranen uit.

De bewaker komt weer naar me toe en vertelt dat Zacarias me morgenochtend wil zien, om acht uur, in de gevangenis.

Als ik hem zie achter de glazen deur van de bezoekersruimte, heeft hij dezelfde uitdrukking als de avond ervoor, toen mijn ongeruste en ongeduldige blik de zijne kruiste. Ik kan nauwelijks iets uitbrengen. Mijn stem trilt bij ieder woord.

'Hoe gaat het met je?' vraag ik zachtjes.

'Ja, ja, het gaat wel,' antwoordt hij terwijl hij zijn hoofd buigt.

Dat is zijn manier om te zeggen: 'Waarom vraag je dat eigenlijk?' Ik heb hem grootgebracht, ik ken zijn lichaamstaal.

'Wat heb je, gaat het niet goed?' dring ik aan.

'Jawel, jawel. Ik ben blij dat je er bent,' antwoordt hij op onverschillige toon.

'Zo zie je er anders niet uit. Ik zie heus wel dat je nadenkt over je antwoorden. Wat is er met je aan de hand? Waarom zei je al die dingen in de rechtszaal? Je speelt met je leven!'

'Het gaat goed met me. Er is niets aan de hand,' zegt hij half ironisch, half geïrriteerd. 'Je bent nog steeds mijn moeder en ik heb respect voor je, maar ik ben volwassen en ik wil mezelf verdedigen. En mijn verdediging is alleen mijn zaak!'

Ik ben met stomheid geslagen.

'Genoeg. Nu houden we erover op. Ik moet mijn verdediging voorbereiden en ik moet alles met de hand schrijven want mijn computer doet het maar half. Als jij er bent wil ik liever over andere dingen praten,' zegt hij kordaat.

De rest van het gesprek is niets anders dan een lange litanie van verwijten. Hij vindt dat ik mijn huis moet verkopen en het geld aan een moskee geven, omdat ik het heb gekocht met een lening, wat volgens de islam verboden is. Bovendien zou het huis de oorzaak zijn van jaloezie en conflicten in het gezin.

'Je moet weer in Marokko gaan wonen,' zegt hij ook nog.

'In Marokko wonen? Maar ik heb daar niets te zoeken. Na alles wat ze me hebben aangedaan, denk ik er niet aan terug te gaan.'

'Een goede moslima hoort niet zo te leven,' zegt hij streng.

Ik begrijp niets van zijn verwijten. Wat haalt hij zich in het hoofd? Is hij vergeten dat onze familie ons heeft overgeleverd aan geweld en ellende door ons niet in bescherming te nemen tegen zijn vader?

Het gesprek neemt een nare wending. Het is alsof hij deze beschuldigingen jarenlang in zijn hoofd heeft herhaald voordat hij ze me in het gezicht werpt. Tot slot heeft hij het lef om te zeggen: 'Je had met ons naar Marokko moeten terugkeren na je scheiding van papa, om ons een rustig leven te bieden. In Frankrijk waren we niet op onze plaats.'

Dit gaat te ver. Hoe durft hij mij de les te lezen?

'Mag ik je eraan herinneren dat het heel anders ging. Niemand in onze dierbare familie heeft aangeboden mij te helpen, integendeel. Allemaal kwamen ze naar mijn huis om hun ellende te ontvluchten en op mijn zak te teren.'

Ik wil hem vragen wat hij voor goeds heeft gedaan, hoe hij zijn moeder helpt nu hij op zijn vierendertigste in een gevangenis van de FBI zit. Maar ik houd me in. Ik wil hem niet vernederen ten overstaan van de drie agenten die tijdens ons hele gesprek om hem heen staan.

'Luister, ik heb niet duizenden kilometers afgelegd om zo door jou te worden toegesproken en ruzie met je te maken,' zeg ik.

'Ah, zie je, je bent boos,' zegt hij, plotseling kalmer.

'Ja, je maakt me allerlei onterechte verwijten.'

Dan vraagt hij vergiffenis. Een fractie van een seconde denk ik dat ik de gevoelige en oprechte Zacarias van vroeger heb teruggevonden. Hij ziet er verloren uit, zegt dat hij van me houdt en dat het de duivel zelf is die hem ertoe brengt dit soort dingen te zeggen.

Maar als ik alle mensen opnoem die mij helpen om te voorkomen dat hij de doodstraf krijgt, advocaten en organisaties die al hun tijd en energie erin steken, neemt hij zijn geïrriteerde en superieure houding weer aan en verzucht hij alleen maar: 'Oké, oké...'

Vervuld van verdriet verlaat ik de gevangenis. Ik weet dat hij al deze verschrikkelijke dingen zegt omdat hijzelf zo veel pijn heeft. Hij is te trots om toe te geven dat hij lijdt en dus zegt hij dingen om anderen te kwetsen. Kwetsen met woorden, daar was hij altijd al goed in.

Ik heb nog één dag in Washington. Ik probeer mijn zoon te vergeten, al was het maar voor één minuut. Het lukt me niet. Hij zit altijd in mijn hoofd, ik denk zonder ophouden aan hem: als ik een bord afwas, theedrink, als ik naar buiten kijk en lachende en pratende mensen zie komen en gaan, als de wind langs mijn gezicht strijkt. Ik denk alleen maar aan hem. Wat is er met je gebeurd, mijn zoon? Geef me alsjeblieft de kans je te redden...

Ik word verscheurd door de extreme emoties die hij in me oproept: afkeer, boosheid en verbittering aan de ene kant en grenzeloze genegenheid en liefde voor dat wezen dat ik op de wereld heb gezet aan de andere kant. Ik word verscheurd door de feiten en de rede; de wil hem te veroordelen voor al die afschuwelijke dingen die hij heeft gezegd, en de noodzaak hem te redden, excuses voor hem te vinden. Hem te vervloeken of te vergeven. Mijn handen van hem af te trekken en naar het einde van de wereld te reizen waar niemand iets weet over zijn bestaan en het mijne, of juist alles te doen om dicht bij hem te zijn, steeds weer.

Al deze gevoelens doen mij evenveel pijn, brengen me een even diepe wond toe, verzwakken me de ene dag en vertienvoudigen mijn kracht de volgende. Zo zal het altijd blijven en ik weet diep vanbinnen dat mijn moederhart het zal verdragen, ook al ben ik aan het eind van mijn Latijn. Ik weet dat ik door moet strijden tot het einde. Want Zacarias is zijn eigen aanklager geworden, zijn eigen beul. Ik moet de kracht vinden om hem te redden, ondanks zijn tegenwerking.

22

'Hallo, mama, met Zacarias'

Donderdag 26 september 2002. Ik ben in Parijs om de vragen van een journalist te beantwoorden. Plotseling, rond halfzes 's avonds, tijdens het onderhoud, gaat mijn mobiele telefoon. Ik neem op maar heb niet meteen door wie er aan de andere kant van de lijn is. Net als ik wil ophangen, denkend dat het een vergissing is, begrijp ik dat het een agent van de FBI is. Hij stelt een paar persoonlijke vragen om na te gaan of hij wel de juiste persoon aan de lijn heeft en zegt ten slotte: 'Uw zoon Zacarias wil met u praten. Zorg dat u bereikbaar blijft, over een halfuur bellen we terug.' Ik raak in paniek. Ik kan mijn oren niet geloven en tril van spanning, maar ik ben blij dat hij me belt. Hoe is dat mogelijk, hoe heeft hij dat voor elkaar gekregen?

Dan begin ik me af te vragen wat de reden is van dit onverwachte telefoontje. Is er iets ergs aan de hand? Allerlei gedachten schieten door mijn hoofd. Zenuwachtig wacht ik tot het acht uur is. Als de telefoon opnieuw overgaat barst mijn hart bijna uit elkaar. Maar het is vals alarm. De FBI-agent kondigt aan dat Zacarias pas morgenavond zal bellen. Mijn teleurstelling wordt verzacht door een bericht dat tranen van geluk en hoop opwekt: hij legt me uit dat als het telefoontje 'goed' verloopt, ik hem regelmatig te spreken zal krijgen! Het is bijna te mooi om waar te zijn... Maandenlang had ik geen enkel contact met mijn zoon en nu is de FBI bereid een maandelijks telefoongesprek te regelen! Dat betekent dat ik eindelijk de banden met Zacarias weer kan aanhalen en hem kan helpen zijn krachten te verzamelen.

Vrijdag 27 september 2002. Sinds de aankondiging van het telefoontje van Zacarias leef ik in een andere wereld. Ik tril onophoudelijk en heb een slapeloze nacht achter de rug. Ik heb met vrienden in een restaurant gegeten, maar ik weet dat ik geen goed gezelschap was. De hele avond heb ik onafgebroken over één ding gepraat: Zacarias.

20.15 uur. Ik schrik als de telefoon overgaat.

De eerste twintig minuten gaan voorbij aan tests die te maken hebben met de beveiliging van de lijn. Er worden allerlei technische aanpassingen gedaan door de verschillende diensten die meeluisteren en alles opnemen. Ze hangen op en bellen me opnieuw.

Nu is het echt zover.

Aan de andere kant van de lijn hoor ik Zacarias. 'Hallo, mama.'

Vol ongeloof en overmand door emoties kan ik alleen maar steeds dezelfde vraag herhalen: 'Hallo, ben jij het, ben je het echt?'

Hem aan de telefoon hebben is magisch en afschuwelijk tegelijk. Ik zie de omgeving voor me waar hij zit, en de ketenen die hij ongetwijfeld om heeft.

Hij begint met me te waarschuwen dat het gesprek kan worden afgebroken zodra we iets zeggen over het proces of zijn dossier.

We stellen ons tevreden met praten over koetjes en kalfjes, het alledaagse, dingen die niets met de situatie te maken hebben. Ik durf hem zelfs te vragen of hij via het consulaat mijn brief heeft ontvangen. Hij zegt van niet en wil de nieuwtjes horen over het hele gezin.

Zo draaien we lang om de hete brij heen, zonder te durven beginnen over wat ons het meest bezighoudt: de voortgang van zijn rechtszaak. Maar hij raadt welke vraag me op de lippen brandt.

'Maar je moet je geen zorgen maken, mama, ik laat ze niet hun gang gaan, ik zal me verdedigen.'

'Wil je dat ik probeer weer naar je toe te komen?'

'Nee, nee, niet nu meteen. Ik moet mijn verdediging voorbereiden en dat kost veel werk. Ik moet alleen zijn om me te kunnen concentreren.'

Ik dring niet aan. Ik wil hem vooral niet irriteren. Dit telefoongesprek is tenslotte al meer dan ik had durven hopen.

Ik zeg dat ik van hem houd en dat ik onophoudelijk aan hem denk.

'Dankjewel, mama, maar wees niet bang. Inch'Allah zal ik hieruit komen.'

Als ik ophang zweef ik. Het leek zo kort en toch zo intens. Hij was veel rustiger dan de laatste keer dat ik hem zag, in de bezoekersruimte, twee maanden eerder. Deze keer, aan de telefoon, hoefde ik alleen maar mijn ogen te sluiten, zijn stem te horen, om me voor te stellen dat hij naast me stond, los van de tijd en de situatie. Ik vergat zelfs dat ons gesprek werd opgenomen, dat hij in een cel zat en dat duizenden kilometers en een oceaan van tranen ons scheidden.

23

Reis naar 'Londonistan'

30 januari 2003. Wat is de oorzaak van de ommezwaai van Zacarias? Die vraag obsedeert me. Toen hij in 1992 naar Londen vertrok, was hij nog een rustige student. Zijn enige droom was een
goede baan, succes te hebben in het leven. En binnen enkele
jaren veranderde hij in een radicale moslim. Wat is er daar
gebeurd? Wie had zo veel invloed op hem dat hij zijn hele opvoeding, zijn familie en zijn vrienden vergat? Hoe leefde hij die tien
jaar? Was hij ongelukkig in die naargeestige omgeving die ik ken
uit een televisiereportage? Ik wil er het mijne van weten en vertrek naar Londen om de gangen van mijn zoon en zijn zogenaamde vrienden na te gaan. Ik wil die vrienden opzoeken. Hij zei dat
hij er veel had. Vreemd genoeg heeft geen van hen zich tot nu toe
laten zien.

Het sneeuwt als de trein het station van Londen binnenrijdt.
Het weer is net zo somber als mijn gemoed. Ik word vergezeld
door een bevriende journalist die als tolk zal optreden.

De herinneringen vliegen me naar de keel. Ik heb er spijt van
dat ik in 1997-1998 zijn uitnodiging om een paar dagen met hem
in Londen door te brengen heb afgeslagen. Ik wilde toen dat hij
naar Frankrijk zou komen om in mijn grote huis te logeren. Hij

kon mij geen onderdak bieden omdat er alleen maar mannen in huis woonden, en ik wilde niet alleen in een hotel overnachten in een land dat ik niet kende en waarvan ik de taal niet sprak. Ik heb hem één keer gebeld op het nummer dat hij me had gegeven, maar een andere, Engelssprekende man nam op en ik hing meteen op. Nu heb ik daar erg veel spijt van. Had ik hem kunnen beschermen tegen deze slechte invloeden als ik hem had opgezocht? In die tijd kon ik niet weten wat zich in die stad afspeelde. Sindsdien knagen twijfel en schuldgevoel aan mijn moederhart. Ik ben boos op het lot dat me niet de kans heeft gegeven hem te redden.

31 januari, vijf uur 's ochtends.

Ik kan niet slapen. Ik kijk door het raam. Er is nog meer sneeuw gevallen; alles is wit. Het ziet er prachtig, rustgevend uit.

Ik ben zeer geëmotioneerd, het doet pijn om op de plaats te zijn waar mijn zoon heeft gewoond. Gisteren kon ik een gevoel van onrechtvaardigheid niet onderdrukken toen ik al die jongeren zag die vrolijk rondlopen en hun eigen leven leiden terwijl mijn zoon opgesloten zit. Ik krijg er buikpijn van en voel grenzeloze haat jegens de mensen die hun leven verwoesten, zoals ze dat bij mijn zoon hebben gedaan.

Het is vrijdag, gebedsdag voor moslims. Ik besluit rechtstreeks naar Finsbury Park te gaan, waar de moskee staat die Zacarias bezocht.

Ik had al reportages over deze moskee gezien. De Engelsen beschouwen haar als een schuilplaats voor extremistische moslims. Overigens is de hele wijk een bolwerk van militante moslims, vandaar dat ze hem 'Londonistan' noemen. Jarenlang hebben de Engelse autoriteiten de imams van deze moskee door

laten gaan met hun haatzaaiende preken die opriepen tot de ver-
nietiging van het Westen en soms zelfs tot moord. Ik verbaas me
erover dat ze de fundamentalisten hebben toegestaan volgens
hun eigen regels te leven, hun helse wereld in stand te houden.
Dat gaat me boven mijn pet. Ze hebben de haat laten wortel-
schieten en nu verspreidt deze zich onstuitbaar. En nu pas verandert het beleid, beginnen ze de moskeeën in de gaten te houden, arresteren ze de leiders van deze stroming. Maar voor mijn
zoon is het te laat.

Ik herinner me dat ik hun leider, imam Aboe Hamza, vaak op
de televisie heb gezien. Hij is een verontrustende man, de belichaming van dit geweld: hij is blind aan één oog en op de plaats
van zijn rechterhand zit een piratenhaak. Dat geeft hem een
dreigend, middeleeuws aandoend voorkomen. De dag na 11 september 2001 uitte hij publiekelijk zijn vreugde over de aanslagen en werd er rondom de moskee feestgevierd. Later ontdekten
de autoriteiten dat talloze terroristen (los van de groep van
11 september) in deze moskee zijn geweest. Een van hen is mijn
zoon Zacarias. De moskee werd gesloten, maar de aanhangers
blijven zich voor de ingang verzamelen. Ik zie de moslimfunda-
mentalisten als haaien die onschuldige jonge mensen als mijn
zoon verslinden, hun zwakheden, hun gebrek aan liefde, hun
kwetsbaarheid uitbuiten.

Tegen tien uur 's ochtends komen we aan in de wijk. We hebben nog bijna drie uur tot het gebed begint.

Op straat zie ik mensen van allerlei nationaliteiten, maar ze
zijn allemaal moslim, zelfs de weinige westerlingen die ons pad
kruisen. De meeste mannen hebben een baard en dragen het traditionele gewaad uit hun land van afkomst. Veel vrouwen dragen de *abaya*, wat betekent dat je alleen maar hun ogen kunt

zien. Ze lijken wel spoken. Het is duidelijk dat we de wijk hebben gevonden die we zochten.

Ik ga een Arabisch café binnen om daar te wachten tot het gebed begint. Misschien kom ik iemand tegen die Zacarias kent, je weet maar nooit. Maar in het café hangt een gespannen sfeer. Zodra ik binnenkom valt er een doodse stilte en richten alle ogen zich op mij. Ik ben de enige vrouw. Ik heb een hoofddoek omgedaan om problemen te voorkomen en niet op te vallen, maar dat is duidelijk mislukt. Ik voel dat ze me herkennen. Hun stilte en hun argwanende blikken geven te verstaan dat ik niet welkom ben.

De journalist die me vergezelt blijft buiten omdat hij westers is en niet nog meer spanning wil veroorzaken. In mijn eentje voel ik me helemaal niet op mijn gemak in het café en ik ga weer naar buiten zonder dat ik ook maar één vraag heb durven stellen; ik ben doodsbang voor deze mannen.

Als we buiten zijn zien we politieagenten patrouilleren rondom de moskee. We kunnen daar niet blijven en lopen naar een andere wijk. Op een gegeven moment zie ik een groot huis waar mensen in- en uitlopen. Daar zal Aboe Hamza zijn.

Ook ik ga naar binnen, gedreven door nieuwsgierigheid. In het huis leest een imam met een microfoon voor uit de Koran. Ik hoor hem wel, maar ik kan hem niet zien, want ik ben in de zaal voor de vrouwen. De toespraak van de imam is niet erg vreedzaam. Hij heeft het over wraak en oorlog. Zijn uitspraken zijn kwaadaardig en vervuld van haat jegens de westerlingen en allen die hij de 'ongelovigen' noemt. De vrouwen kijken me tersluiks aan met een verbaasde blik. Ze vragen zich ongetwijfeld af wat ik daar doe. Ik voel hun vijandigheid. Een van hen gebaart dat ik de haarlokken die onder mijn hoofddoek uit komen, moet wegstoppen. We zijn hier met vrouwen onder elkaar, maar ik doe toch maar wat ze wil. Sommigen die me hebben herkend, vertellen me dat ze Zacarias wel eens zijn tegengekomen, maar geen van hen wil iets over hem vertellen of over de mensen en de plaatsen die hij regelmatig bezocht. Ik lees de angst op hun gezichten. Maar voor wie zijn ze bang? Voor mij, voor de Engelse autoriteiten of voor wat hun man zal doen als hij weet dat ze met me hebben gesproken? Het is onmogelijk te zeggen.

Na het gebed verzamelt iedereen zich buiten om de komst van imam Aboe Hamza af te wachten.

Een journaliste die tussen de aanwezigen staat en hier duidelijk vaker is geweest, roept me. Ze wil weten wat ik hier doe en vermoedt dat mijn aanwezigheid niets te maken heeft met mijn geloof. Ik antwoord dat ik ben gekomen om te proberen sjeik Hamza te spreken te krijgen.

'Maakt u zich geen zorgen, hij zal zich zo tussen de gelovigen begeven,' verzekert ze me.

Ik ga naast een jongeman staan, waarschijnlijk een Algerijn, die nog geen vijfentwintig is. Hij is gemaskerd en schreeuwt zonder ophouden.

Ik word alle kanten op geduwd door de aanzwellende menigte en kom terecht voor een in het zwart geklede man die ook zijn gezicht heeft bedekt. Ik leid daaruit af dat hij een bewaker is en vraag hem of de sjeik echt komt.

'Waarom wilt u dat weten?' vraagt hij kortaf.

'Ik wil graag met hem praten.'

'Onmogelijk. Vrouwen mogen hem niet benaderen!' bijt hij me toe.

Ik dring aan en kom voor mezelf op.

'Wat wilt u dan van hem?' vraagt hij uiteindelijk. Ik zeg hem dat het persoonlijk is.

Hij neemt me nog eens goed op en zegt ten slotte: 'Oké, blijf hier, we zullen wel zien.'

Ik blijf bijna twee uur tussen die vijandige menigte staan. Plotseling klinkt er geroezemoes en drommen de mensen samen rond een bepaald punt. En dan zie ik hem: Aboe Hamza in eigen persoon. Hij staat midden in de menigte, omgeven door gemaskerde mannen met halsdoeken en plastic zakken. Rondom hem hangt een ondefinieerbare spanning. Tussen deze fanatieke aanhangers voel ik me alsof ik in een andere wereld terecht ben gekomen, in een andere tijd.

Naast Aboe Hamza begint een Europeaan van ongeveer vijfendertig jaar een opruiende toespraak: 'Jullie worden omringd door vijanden,' brult hij, 'jullie moeten ze doden, jullie moeten ze uitroeien, al die ongelovigen!' Hij schreeuwt dat de Koran oproept de islam over de hele wereld te verspreiden en dat het moment daarvoor nu gekomen is. Dat de Messias komt en iedereen zal straffen die heeft gedwaald! En dan die zee van jongeren die bidden en als uit één mond 'Allah Akbar!' roepen. Ik kan mijn oren niet geloven. Ik schaam me voor ze. Hoe kan iemand zulke afschuwelijke dingen zeggen? En wel hier, in Engeland? Ik zeg niet dat alles hier perfect is, maar hoe kun je degenen dood wensen die je de vrijheid geven deze boodschap uit te dragen? Zijn ze vergeten dat de regimes waar ze zo trots op zijn ze allang in de gevangenis hadden laten gooien als ze ook maar één woord van protest hadden geuit? Terwijl ik naar deze man staar die oproept tot moord, denk ik aan Zacarias. Hoe heeft hij zich kunnen inlaten met dit soort mensen, hij die er zo trots op was dat hij in Frankrijk leefde, die altijd wegvluchtte voor geweld? Het is onvoorstelbaar; ze moeten hem hebben gehersenspoeld!

Na deze verheffende toespraak knielt Aboe Hamza neer en leest hij enkele passages uit de Koran. Dan staat hij op en begint hij met zijn preek. Hij gebruikt nog grotere woorden dan zijn voorganger en spreekt alleen maar over de heilige oorlog om de onderdrukte islam te verdedigen. Ik voel de wind van de oorlog bijna door de menigte blazen. Een totale, meedogenloze oorlog. Het enige wat ontbreekt zijn de wapens. De rillingen lopen me over de rug, rillingen van angst.

Ik herneem me en vraag een groep Marokkanen mij naar Aboe Hamza te brengen.

Enkele minuten later sta ik tegenover hem, tegenover een van de mannen die mijn zoon hebben veranderd in een fundamentalist. Eindelijk zal ik weten wat er zo bijzonder is aan deze man dat Zacarias zich zo door hem heeft laten manipuleren.

Hij keert zich naar mij en kijkt me zwijgend lang aan, alsof we elkaar al kennen. Zijn blik lijkt te zeggen: stel niet te veel vragen. Hij begint als eerste te praten.

'Ik ken uw zoon niet, maar ik ken wel zijn verhaal.'

Natuurlijk geloof ik hem niet, maar wat kan ik doen: ik ben omringd door zijn bewakers en honderden fanatieke gelovigen?

'Dus u weet dat mijn zoon vier terdoodveroordelingen boven het hoofd hangen?'

'Ja.'

'En ook dat hij weigert een advocaat in de arm te nemen?'

'Het komt hem duur te staan als hij zijn advocaten weigert. Zeg hem namens mij, en benadruk dat dit van mij komt,' dringt hij aan terwijl hij me strak blijft aankijken, 'dat hij zijn advocaten moet accepteren. Als hij Osama Bin Laden was, dan zou ik het begrijpen, maar dat is niet het geval,' voegt hij er met een glimlach aan toe.

Ik wil hem een paar vragen stellen, maar er gaat een man tussen ons in staan die me zegt weg te gaan.

Het viel me zwaar om met deze man te praten. Deze man straalt zo'n kracht uit, zo veel gezag en tegelijkertijd zo veel agressie dat ik een paar minuten nodig heb om mijn hartslag tot bedaren te brengen.

Voordat ik het terrein van de moskee verlaat, praat ik nog met een paar van de jongeren die ons omringen. Ik wil ze waarschuwen niet de weg van mijn zoon te volgen, zich niet te laten meesleuren door het geweld.

Allemaal hebben ze een engelengezicht. Ik leg ze uit dat de islam staat voor liefde, mededogen, respect en vrede, en niets anders. Zij vertellen me over hun haat, hun angsten en hun pijn. Natuurlijk bestaan racisme en discriminatie, maar ik probeer ze uit te leggen dat wraak en geweld niet het juiste antwoord zijn.

'Het enig mogelijke antwoord is je goed gedragen,' zeg ik, 'en in harmonie leven met anderen, ongeacht hun ras of religie.'

Maar een dialoog is onmogelijk. Ze zijn opgefokt en blijven maar antwoorden geven als: 'Maakt u zich geen zorgen, mevrouw, God zal zich over de wereld ontfermen.' Hoe kan ik ze doen inzien dat ze, terwijl ze wachten tot ze zich bij God mogen voegen, de mensen op aarde geen leed mogen aandoen?

Het doet pijn om deze kinderen te zien. Het contrast tussen de onschuld, de puurheid in hun gezicht, en de dreiging in hun uitspraken is schokkend. Kinderen die alleen maar liefde en onschuld zouden moeten kennen, bereiden zich voor op de oorlog van fanatieke volwassenen. Besmette, geïndoctrineerde kinderen volgen een bloedige weg, die ze wordt gewezen door een handjevol militanten, en die ze niet meer kunnen verlaten.

Ik bedenk dat mijn zoon tien jaar lang in deze omgeving heeft gewoond, waar hij deze haatzaaiende toespraken opzoog en met mensen omging die zijn hart deden verstenen.

Nu ik met eigen ogen zie waar hij leefde, begrijp ik beter waarom hij al die onzin uitkraamt en de hulp van zijn advocaten weigert: hij wil een martelaar worden, laten zien hoe heldhaftig hij is, uitblinken voor zijn meesters in Londen en elders, bewijzen dat hij hun beste leerling is.

De volgende dag ga ik naar het pand waar hij woonde. Zijn broer Abd-Samad had gezegd dat Zacarias in 'ellendige' omstandigheden leefde, maar ik wilde niet geloven dat hij in een krot woonde. Natuurlijk leefde hij voornamelijk van een uitkering, maar tot mijn geruststelling zie ik dat het pand er goed uitziet. De eigenares vertelt dat Zacarias keurig was en nooit klaagde. Een schrale troost. Ik neem het mezelf kwalijk dat ik hem niet heb kunnen beschermen, dat ik hem niet heb bevrijd uit de klauwen van deze mannen, die hem gebruikten om hun dorst naar macht te lessen.

Toen hij mij bezocht, dacht ik dat hij met vrouw en kinderen uit Londen zou terugkomen, maar uiteindelijk bracht hij alleen maar verdriet en verslagenheid mee terug.

In de trein die me terugbrengt naar Frankrijk denk ik aan al die jongeren die ik heb ontmoet. Ze zijn net zo oud als Zacarias toen hij aankwam en net als hij zijn ze ingelijfd bij iets waar ze niets van begrijpen en waar ze de consequenties niet van overzien. Ook zijzelf lopen gevaar en ik vrees dat er nog meer leed zal volgen, meer geknakte levens en rouwende moeders.

Ik ben blij dat ik hier weg kan. Mijn hoofd is gevuld met beelden van haat en geweld. En wat ik te weten ben gekomen, is ontmoedigend. Het zal moeilijker zijn dan ik dacht om Zacarias tot inkeer te doen komen. In zo korte tijd kun je een geïndoctrineerde geest niet ontgiften. Ook de grenzeloze liefde van een moeder is niet genoeg.

24

Anonieme steun en zwakke momenten

Maart 2004. Nog diezelfde ochtend vind ik een brief in de brievenbus. Voordat ik de envelop open weet ik al wat erin zit. In de loop van de tijd heb ik dit soort brieven leren herkennen: geen afzender en mijn adres in blokletters geschreven. Ik weet wat dat inhoudt: beledigingen. Toch open ik hem, gedreven door een soort nieuwsgierigheid, om te zien hoever domheid en slechtheid kunnen gaan. 'Met velen bidden wij dat uw smerige zoon als een varken wordt geroosterd op de elektrische stoel.'

Ik heb al veel van dit soort brieven ontvangen, geschreven door van haat vervulde mensen die niet begrijpen dat het mijn zoon is die ik steun, niet zijn daden en zeker niet zijn ideeën. Diep vanbinnen heb ik medelijden met ze omdat zij gevangenzitten in hun wreedheid. Sinds het begin van deze geschiedenis hebben ook sommige vrienden mij de rug toegekeerd, alsof de ideeën van mijn zoon mij hebben besmet. Ik maak me er niet meer druk om, hoewel ik nog wel verbaasd ben als bijvoorbeeld twee vrienden van het stadhuis van Narbonne, die me tot voor kort nog kusten, van de ene op de andere dag aan de andere kant van de straat gaan lopen als ze me tegenkomen. Maar dat valt allemaal in het niet bij de honderden steunbetuigingen die ik al heb ont-

vangen. 'Wees sterk', 'Houd moed!' Regelmatig roepen mensen
op straat naar me, alleen om me een glimlach te schenken, me
bemoedigend toe te spreken of me uit naam van alle moeders te
bedanken voor wat ik voor mijn zoon doe. En dan tel ik de tientallen brieven nog niet mee. Het zijn merendeels brieven van
moeders, net als ik, die weten dat je je leven lang van je kind
houdt en dat als hij de weg kwijt is, het aan ons is om te proberen hem weer op het rechte pad te brengen.

Een paar van die brieven heb ik altijd bij me. Ze geven me de
kracht om door te vechten als ik me eenzaam voel, als de hindernissen onoverkomelijk lijken. Zonder al die steunbetuigingen zou ik het niet volhouden. Ik ben nooit alleen geweest. Er
waren altijd vrienden om me te helpen, hetzij door me onderdak
te bieden, hetzij door een financiële bijdrage te leveren zodat ik
de Atlantische Oceaan kon overvliegen, hetzij door me op te
beuren op dagen dat ik wanhopig was.

En vandaag is een van die dagen. Ik heb zojuist gehoord dat
Frankrijk eindelijk heeft toegezegd samen te werken met de Verenigde Staten in het onderzoek naar mijn zoon. Ik voel me verraden door dit land waar ik verliefd op was en dat nu samen-
werkt met een regering die openlijk verklaart een van zijn
burgers ter dood te willen brengen! Hier geven ze les over ethiek
in de Verenigde Staten en noemen ze de doodstraf wreed en bar-
baars, en nu kruipen ze voor Amerika en sturen ze een Fransman
een bijna zekere dood tegemoet! Ik begrijp er niets meer van.
Waar is het land van vrijheid en broederschap dat ik leerde kennen toen ik aankwam?

Sinds het begin van deze geschiedenis heb ik nooit enige aan-
moediging of hulp van de kant van de regering ontvangen. En ze
hebben ook geen vinger voor Zacarias uitgestoken. 'We doen wat

nodig is op het juiste moment,' antwoorden ze. Maar als dat moment niet nu is, wanneer dan wel? Na het proces?

Iedere keer zeggen ze dat ze niets kunnen doen omdat Zacarias niet formeel om hulp heeft gevraagd. Denken ze echt dat ik die uitleg serieus neem? Alsof ze niet over de middelen beschikken om Zacarias in de gevangenis op te zoeken en hem raad te geven, of mij uit te nodigen en me te helpen de weg te vinden in de doolhof van het Amerikaanse rechtssysteem. In plaats daarvan sturen ze me naar Amerikaanse instellingen.

Boze gedachten dringen zich op. Zouden ze hetzelfde doen als Zacarias blank en rijk was? Ik neem het hun kwalijk dat ze me tot dat soort gedachten drijven, al was het maar voor een seconde. Ik wil niet dat mijn strijd die kant op gaat. Het is een strijd om gerechtigheid, punt uit. Er zit geen politieke boodschap aan vast. Maar ik begrijp de houding van Frankrijk niet. Ik vraag ze niet om aan mijn zijde te vechten, ik vraag ze alleen het recht te respecteren.

Ik heb lang gehoopt dat Zacarias in Frankrijk berecht zou kunnen worden. Hier zou hij worden veroordeeld op grond van feiten, niet als symbool van het kwaad. Maar Frankrijk heeft niets in die richting ondernomen.

Door samen te werken met het Amerikaanse rechtssysteem zal Frankrijk medeplichtig zijn als ze krijgen wat ze willen: de doodstraf voor mijn zoon!

Hoe kan ik in mijn eentje strijden tegen de macht van een land dat wraak boven gerechtigheid stelt? Ik had gehoopt dat mijn familie me zou steunen, maar ook daarin vergis ik me.

25

Een verscheurde familie

Juni 2004. Ik ben gespannen, nerveus. Over een paar uur sta ik voor de rechter. Een kinderrechter. Het is duidelijk dat het recht me geen enkele adempauze gunt en dus moet ik strijd voeren met mijn ex-schoonzoon om mijn kleinkinderen te mogen zien.

Een rechter geeft me toestemming ze bij mij te ontvangen, maar hun vader wil er niets van weten. Hij wil mijn twee schatten van me afnemen. Ze zijn nog maar twaalf en acht, maar ook zij raken verwikkeld in een strijd waar ze niets van begrijpen. Hun ouders zijn gescheiden en omdat mijn dochter Jamila vanwege haar gezondheidstoestand niet volledig voor de kinderen kan zorgen, gaan ze van tehuis naar tehuis. Om het weekend komen ze bij mij. Hun bezoek is iedere keer een zonnestraal in mijn leven.

Mijn kleinkinderen verrijken mijn leven met liefde, tederheid en lichtheid. Ze hebben zo'n behoefte aan liefkozingen dat we urenlang thuis doorbrengen met elkaar omhelzen en elkaars hand strelen. Ik doe alles om ze te behoeden voor het geweld van deze wereld, dat mijn eigen kinderen van zo dichtbij hebben gezien. Samen compenseren we ons gemis aan genegenheid, en hun afscheid laat iedere keer een leegte achter die ik niet kan vullen. Tegenwoordig woont de jongste weer bij zijn vader, terwijl de oudste nog steeds in een tehuis zit. De ex-man van mijn dochter wil niet dat ik ze zie. Daarom heb ik me tot de rechtbank gewend in de hoop mijn positie als grootmoeder terug te krijgen.

Ik dacht dat dat een formaliteit zou zijn. Maar ik had buiten de waanbeelden gerekend die de 'zaak-Zacarias Moussaoui' heeft opgeroepen. Tot 2001 waren de sociaal werkers volstrekt onbevooroordeeld. Met de arrestatie van Zacarias is alles veranderd. Ik heb soms de indruk dat ze mij alleen maar zien als 'de moeder van de terrorist'.

Als dit alles niet speelde zouden mijn kleinkinderen, mijn lievelingen, zonder twijfel regelmatig bij mij mogen komen, zoals bij iedere willekeurige grootmoeder. Maar deze 'geschiedenis' heeft alles bezoedeld, alles aangetast. Nu moet ik knokken om alleen maar bezoekrecht te krijgen…

Het sociaal werk laat me voelen dat ze me niet meer als een gewone grootmoeder beschouwen. Het is alsof ik verdacht ben, of zelfs schuldig: schuldig aan het moederschap van 'Zacarias de terrorist'. Als je afgaat op hun woorden ben ik een gevaar voor de kinderen. Maar welk gevaar? Denken ze dat ik degene ben die deze verschrikkelijke dingen in het hoofd van Zacarias heeft geplant en dat ik hetzelfde zal doen bij mijn kleinkinderen? Denken ze dat ik hun vertel over de rechtszaak van mijn zoon, of erger, dat ik ze als prooi geef aan de media? Dat heb ik nooit gedaan, waarom zou ik daar nu mee beginnen?

Mijn zonen hebben me mijn moederrol al afgenomen en nu mag ik ook geen grootmoeder zijn.

Uiteindelijk krijg ik één weekend per maand. Ondanks deze 'overwinning' houd ik er een bittere nasmaak aan over. De zaak-

Een verscheurde familie

Zacarias Moussaoui heeft grote gevolgen en vermorzelt iedereen die iets met Zacarias te maken heeft, ook twee onschuldige wezens wier enige fout is dat ze zijn neven zijn.

Op dat moment neem ik het hem kwalijk. Zacarias, wat heb je gedaan? Het was niet genoeg om je eigen leven te verwoesten en het mijne aan te tasten als een gezwel; je waanzin sleurt iedereen mee, ook degenen van wie je zegt te houden.

Augustus 2004. Ik ga naar Marokko om een paar dagen de trieste werkelijkheid van mijn leven te kunnen vergeten. Ik voel de behoefte om in mijn vaderland rust te zoeken.

Maar dat loopt niet helemaal zoals ik had gehoopt.

Het land is veranderd. Overal waar ik ga voel ik religieuze spanning. De vrouwen die hoofddoeken dragen werpen degenen die hun haar niet bedekken blikken vol verachting en verontwaardiging toe. Steeds meer behaarde mannen in traditionele Pakistaanse gewaden, de klassieke kleding van de fundamentalistische moslims, pronken met hun religieuze overtuiging en lopen over straat met een superieure blik, die me de stuipen op het lijf jaagt.

Religie is alom aanwezig. De aanslagen van 16 mei 2003 in Casablanca hebben de maatschappij verscheurd. Vrienden vertellen me dat veel jonge meisjes alleen maar een hoofddoek dragen om goed voor de dag te komen of gewoon om niet te worden lastiggevallen. Het ergste is dat iedereen het weet en het veroordeelt, maar dat de angst iedereen dwingt te zwijgen. Het is treurig, er zijn geen andere woorden voor. Veel vrouwen bekennen dat ze doen alsof ze de religieuze regels naleven uit veiligheidsoverwegingen en om met rust te worden gelaten.

Wat de jongeren betreft, die denken maar aan één ding: naar het buitenland vluchten, liefst naar Frankrijk. Je ziet regelmatig Marokkaanse vrouwen met elkaar wedijveren om de gunsten van oudere buitenlandse toeristen, omdat ze hopen dat deze de poort naar andere landen voor hen zullen openen. Ze kennen geen liefde en hebben geen scrupules, maar toch denken ze dat Europese vrouwen zedeloos zijn en een losbandig leven leiden.

Vreemd genoeg blijken sommigen van mijn landgenotes meer kennis te hebben van de Franse wetten dan ik. Ze weten alles wat er te weten valt over werkloosheid, schadevergoedingen, de geldigheidsduur van rechten, sociale voorzieningen, enzovoort. Ze weten zelfs van het bestaan en de werkwijze van liefdadigheidsinstellingen. Dus is Frankrijk voor hen het paradijs waar ze, zoals zij het noemen, 'het maximale uit kunnen halen'.

Deze mentaliteit maakt me razend. Ze willen alleen maar profiteren, zonder ooit iets terug te geven en het maakt niet uit of ze om hun doel te bereiken anderen schade berokkenen. Er gaat geen week voorbij of ik hoor weer een verhaal over een jonge Française van Marokkaanse afkomst die door haar man in de steek is gelaten zodra hij kreeg wat hij wilde: zijn papieren. Ze denken dat ze liefde hebben gevonden en trouwen (als ze het geluk hebben dat ze niet worden uitgehuwelijkt), krijgen soms een kind en worden uiteindelijk vernederd of verlaten door een man die ze alleen maar zag als een enkeltje eersteklas naar Frankrijk! Ik word er misselijk van. Hoe kun je een ander mens zo minachten dat je hem als een vod behandelt? Ondanks al mijn ervaring en mijn wantrouwen heb ik niet kunnen voorkomen dat Jamila, mijn eigen dochter, in die val is gelopen. Ze dacht de liefde van haar leven te hebben ontmoet, maar ik vermoed dat ze voor hem alleen maar een paspoort was. Nadat hij twee kinderen bij haar heeft verwekt, verliet hij haar zodra zijn papieren geregeld waren. Mijn dochter verloor haar dromen en haar gezondheid. Erger nog: ik moest alle formaliteiten afhandelen om haar man over te laten komen! En wat is zijn dank: hij gebruikt de rechter om me te beletten mijn kleinkinderen te zien!

Ik heb niets meer gemeen met dit nieuwe Marokko. Ik verdraag deze manier van leven, van denken niet.

Vol verbittering denk ik aan Zacarias, die in Frankrijk is geboren, die het geluk heeft de Franse nationaliteit te bezitten, en die alles heeft verspild. Als hij in Marokko had gewoond en een ellendig bestaan had geleid, had hij misschien een reden gehad om in opstand te komen, natuurlijk zonder zijn toevlucht te nemen tot extremistische methoden. Hij had datgene in zijn handen waar alle jonge Marokkanen van dromen: vrijheid en een comfortabel leven. Maar om de een of andere reden heeft hij dat alles de rug toegekeerd

Ik verblijf een paar dagen bij mijn familie. Ik dacht dat ik bij mijn broers en zussen de steun zou vinden die ik nodig had, maar in plaats van medeleven of solidariteit wekt mijn situatie een ongezonde mengeling op van jaloezie en opportunisme. Niemand stelt me ook maar één vraag over Zacarias, allemaal willen ze me gebruiken – met uitzondering van mijn halfbroer Moulay Iarbi, die me altijd heeft gesteund. Niemand vraagt hoe het met mij gaat, niemand is geïnteresseerd in mijn lichamelijke en psychische gezondheid. Nee, het enige wat ze interesseert is: hoe kan ik hiervan profiteren? De een vraagt om een wasmachine, de ander wil schoenen of geld. Ze bellen alleen maar als ze iets van me willen.

Al vóór de 'gebeurtenissen' had mijn 'succes' tot veel jaloezie geleid. Voor mijn familie is het zo klaar als een klontje: ik woon in Frankrijk, dus ik moet geven. Geven zonder bij te houden hoeveel. En dat heb ik gedaan. Geld, elektrische apparaten, kleding... Maar blijkbaar is het nooit genoeg. Ik moet alles weggeven wat ik bezit, ook al zou ik daardoor aan de bedelstaf geraken. Maar ik zie het anders. Ik heb gewerkt om in mijn levensonderhoud te kunnen voorzien, onafhankelijk te worden en te proberen mijn kinderen een toekomst te bieden.

Nu lijkt het wel alsof mijn broers en zussen dat zien als verraad. Ze vinden zonder twijfel dat ik het geld dat ik met bloed, zweet en tranen heb verdiend, aan hen had moeten geven. Maar wat hebben ze voor mij gedaan? Waar waren ze toen ik ze nodig had, toen mijn man dreigde mij en mijn kinderen te vermoorden?

Sinds het moment dat ik zo nu en dan in de media verscheen om over Zacarias te praten, is het nog erger. Ik dacht dat ik steun zou krijgen, maar in plaats daarvan beschouwen ze me als een melkkoe. Denken ze soms dat ik door vragen van interviewers te beantwoorden en op televisie te komen ineens een ster ben? Dat ik ervoor betaald krijg? Integendeel: het gereis, de telefoontjes, het kost allemaal veel geld. Maar dat interesseert ze niet. Ze hebben geen respect meer voor me. In feite is er sinds mijn vertrek uit Marokko niets veranderd. Ze behandelen me nog altijd alsof ik hun bezit ben, alsof mijn leven, mijn leed, mijn gemoedstoestand minder belangrijk zijn dan het vooruitzicht op een paar Nikes, betaald met mijn creditcard!

Dit kan zo niet doorgaan. Mijn hele leven heb ik gewacht op een blijk van respect van de kant van mijn familie. En nu heb ik het gevoel dat ik die liefde tevergeefs probeer te kopen door boodschappen voor ze te halen en ze geld te sturen.

Toch heb ik ze geholpen. Ik heb zelfs mijn dochter en haar kinderen enkele jaren in huis gehad, en wat krijg ik ervoor terug? Niets, behalve kritiek.

Blijkbaar is het onmogelijk om een normale relatie met hen te hebben. Alles draait om jaloezie en rivaliteit. Ik heb er genoeg van om steeds maar te geven zonder dat ik er iets voor terugkrijg.

Ik besluit eerder terug te gaan dan gepland. Deze reis heeft een bittere nasmaak. Sinds Zacarias is gearresteerd, is de spanning, de wrok in mijn familie alleen maar toegenomen.

Ik dacht dat dit het moment was om vrede te sluiten, een heilig verbond te sluiten om de benjamin van de familie te helpen. Maar het omgekeerde is gebeurd. Allemaal hebben ze misbruik gemaakt van mijn kwetsbaarheid.

Abd-Samad, mijn oudste zoon, was de eerste die me de oorlog verklaarde. Sinds lange tijd geeft hij lucht aan zijn haat en minachting voor mij en inmiddels zegt hij zelfs geen woord meer tegen me en beschouwt hij me als een vijand. Fouzia, zijn nicht, heeft hem opgestookt. Vanaf het moment dat zij in huis kwam, heeft ze mijn zoon geleerd mij te behandelen alsof we nog in het achterland van Marokko woonden, dat wil zeggen, als een vrouw die zich aan zijn wil dient te onderwerpen. Ik moet erbij vertellen dat hij ondertussen ook de 'islam' had ontdekt: een verouderde en starre islam, waarin weinig plaats is voor vrouwen. Ik wilde niet accepteren dat hij me veroordeelde, bekritiseerde en minachtte. In mijn ogen was dat verraad. Ik bood tegenstand en daarom is hij woedend op mij.

Na de 'gebeurtenis' verweet hij me dat ik de journalisten te woord stond en dat ik Zacarias wilde verdedigen. Maar wat heeft hij voor zijn broer gedaan? Niets. Integendeel, hij maakte van iedere gelegenheid gebruik om hem zwart te maken en zei dat hij niet verbaasd was dat het zo had moeten gebeuren. Het leek wel of hij zijn aanklager was. Hij verklaarde zelfs dat het mijn schuld was, dat ik deze situatie had geschapen omdat ik hen 'in het Westen' had laten opgroeien en dat ik er nu de prijs voor moest betalen. Is hij soms vergeten hoe bang hij als kind was voor de klappen en dreigementen van zijn vader? Herinnert hij zich niet meer dat ik ze alleen maar iedere dag kon voeden omdat ik werkte terwijl zijn vader ons achterliet zonder geld en met een lege ijskast? Herinnert hij zich niet meer dat hij in zijn middelbareschooltijd zo gelukkig was omdat hij met zijn vrienden naar het café of de nachtclub kon? Ik geloof dat hij vooral van deze affaire gebruik heeft gemaakt om de religieuze stroming waartoe hij behoort onder de aandacht te brengen, een stroming die 'concurreert' met die van Zacarias. Mijn twee zonen, die zo van elkaar verschillen, zijn verblind door hun intolerantie en staan nu zo ver van me af. Hoe gaat het nu met Abd-Samad? Is zijn van haat en rancune vervulde hart tot rust gekomen? Ik wil geloven dat ik, als hij zou terugkomen en me om vergiffenis vragen zoals Zacarias heeft gedaan, in staat zou zijn om alle pijn, alle wonden die hij me heeft toegebracht te vergeten en hem weer als mijn zoon te zien.

Deze geschiedenis heeft de haat alleen maar aangewakkerd.

Mijn dochter Nadia heeft me lang verweten dat ik haar verwaarloosde. 'Je denkt alleen maar aan Zacarias, maar hij is degene die deze ellende over ons heeft uitgestort. Je zou je aandacht op óns moeten richten,' zegt ze vaak. De verwijten zijn altijd dezelfde, de jaloezie is constant aanwezig.

Mijn relatie met mijn dochters varieert van dag tot dag: de ene dag is er geen wolkje aan de lucht, de volgende pakken dikke donderwolken zich samen. Soms lijken ze de zin van mijn strijd te begrijpen. Dan zien ze dat ik het niet voor mezelf doe en dat het mij niets oplevert dan pijn. Ik begrijp op mijn beurt hoe moeilijk het voor deze meisjes, die al zo kwetsbaar waren, moet zijn om alleen maar te worden gezien als de 'zussen van de terrorist'. Ongetwijfeld hebben zij nu meer dan ooit liefde en troost nodig. Ze hebben al zoveel geleden in hun kindertijd, vooral Jamila. Vanaf het moment dat ze drie maanden oud was, reageerde haar vader zijn woede op haar af. Ik probeerde hem af te leiden, zodat hij zijn geweld op mij zou richten in plaats van op mijn baby, maar ik kon niet altijd voorkomen dat hij haar sloeg als een hond zodra ze begon te huilen. Sindsdien probeer ik de sporen die dat geweld in haar hart hebben achtergelaten, uit te wissen. Ik sta altijd klaar als mijn dochters me nodig hebben, ik bel ze een paar keer per week, maar al die gevechten tegelijk putten me uit. Op dit moment is Zacarias het belangrijkst. Ze moeten begrijpen dat hun broer kans loopt de doodstraf te krijgen en dat dat al mijn gedachten, al mijn energie opslokt. Want als hij wordt veroordeeld, kan niemand de tijd terugdraaien. Dan is het te laat.

In zekere zin zijn mijn dochters door deze geschiedenis jaloers op Zacarias, zoals oudere kinderen in een gezin jaloers kunnen worden op de jongste die plotseling alle aandacht krijgt.

Als ik word geïnterviewd of een brief van een advocaat krijg, eisen zij meteen hun recht op aandacht op. Ze blijven er net zo lang om vragen tot het me te veel wordt: 'Zie je, je bekommert je helemaal niet om ons, je denkt alleen maar aan jezelf en aan die terrorist!' Wat kan ik daarop zeggen? Ze scheppen er een sadistisch genoegen in om mij pijn te doen, als een kind dat precies de gevoelige snaar weet te raken. Hun honger naar liefde en aandacht is niet te stillen. Ze kunnen niet rekenen op de genegenheid van een vader of een broer, zelfs niet op die van een man. Ondanks mijn liefde voor hen kan ik die leegte niet vullen. En niets is erger voor een moeder dan er niet in slagen de kwelgeesten van haar kinderen te verdrijven, ook al ben ik er zelf meestal het eerste slachtoffer van.

Ik denk terug aan al die jaren dat ze van het ene naar het andere tehuis werden gesleept, aan die momenten dat ze werden blootgesteld aan de agressie van hun vader, in plaats van dat ze de liefde kregen waar ze nu nog steeds zo naar zoeken. En in mij borrelt haat op, jegens mijn man, jegens mijn familie die mij achteloos aan deze man aanbood. Mijn kinderen betalen er nu de prijs voor.

De geschiedenis met Zacarias heeft niet alleen mijn leven op zijn kop gezet, maar ook de wonden van mijn kinderen weer opengereten en een last op hun schouders gelegd die veel te zwaar voor hen is.

Honderden keren hebben vrienden me aangeraden mijn verloren, verblinde zoon aan zijn lot over te laten en me bezig te houden met degenen die ik om me heen heb. Maar ik kan het niet. Hoe kan een moeder de blik afwenden als degene aan wie ze het leven heeft geschonken, wat voor persoon hij ook is, de doodstraf riskeert?

Ik moet doorgaan. Ik moet deze strijd tot het einde blijven voeren, ook al ga ik eraan onderdoor.

26

Pijnlijke telefoongesprekken

September 2004. Zoals iedere eerste dinsdag van iedere maand sinds twee jaar, wacht ik op een telefoontje van Zacarias. Meestal doe ik dat op het politiebureau van Narbonne, in het kantoor dat gereserveerd is voor de DST. Aan de andere kant van de lijn luistert uiteraard een FBI-agent mee. Iedere keer waarschuwen ze ons dat het gesprek wordt opgenomen, dat ze het kunnen onderbreken als ze vinden dat het gesprek een 'twijfelachtige' wending krijgt. Ik ben gewend geraakt aan deze waarschuwingen en de vreemde omstandigheden kunnen de vreugde die ik voel als ik mijn zoon spreek, niet verstoren.

Vandaag ben ik ongerust. Zacarias verandert. Voorheen voelde ik me getroost als ik hem hoorde. Al enkele dagen van tevoren bereidde ik me erop voor en op de ochtend van 'D-day' was ik al opgewonden bij het idee dat ik die dag met hem zou praten. Hij was energiek, vroeg me hoe het met de familie ging en zei lieve en tedere woorden. Hij had zelfs vertrouwen in de toekomst: 'Je zult zien, ik zal alles doen om vrij te komen en dan kom ik naar je toe om je om vergiffenis te vragen en voor je te zorgen,' beloofde hij vaak. Die telefoontjes gaven me weer moed voor mijn juridische strijd.

Maar vorig jaar werd alles anders.

In november 2003 heeft de rechter hem het recht ontnomen om zichzelf te verdedigen. Dat kwam bij hem aan als een vuistslag. Ik had geprobeerd hem te waarschuwen dat hij soms te ver ging, dat hij geen misbruik moest maken van zijn status van advocaat, tussen aanhalingstekens, om rekeningen te vereffenen en zijn politieke ideeën te spuien, maar hij wilde niet luisteren. Het was een te mooie kans. Hij begon zelfs de rechter en de aanklager te beledigen, waarschijnlijk in de waan dat hij onaantastbaar was. En het onvermijdelijke gebeurde: de rechter ontnam hem het recht zichzelf te verdedigen. Op dat moment brak er iets in hem. Hij zag deze beslissing als het bewijs dat het Amerikaanse rechtssysteem alles zal doen om zijn eigen huid te redden. 'Ze weten dat ik het dossier uit mijn hoofd ken. Ik weet dat ze geen enkel bewijs hebben. Daarom willen ze niet dat ik mijn eigen verdediging voer. Ze zijn bang voor de waarheid!' herhaalde hij keer op keer.

En uiteindelijk gaf hij de strijd op. Zijn woede ging over in een soort negatieve energie, een soort verblindheid. Sindsdien praten we bijna alleen maar over zijn visie op de islam en zijn haat jegens het Westen. De rechter heeft hem zijn enige hoop ontnomen en daardoor is de fanaticus die in hem sluimerde weer ontwaakt.

De telefoon gaat. Ik ben zenuwachtig. In welke toestand zal hij deze keer verkeren?

Hij praat op een luchtige, ontspannen toon, maar het gesprek gaat steeds meer op een preek lijken. Hij herinnert me eraan dat alleen moslims naar het paradijs gaan en alle anderen naar de hel. Hij weet niet dat ik al in de hel ben beland...

'Weet je, het is heel zwaar voor mij,' zeg ik.

'Dat weet ik, mama,' antwoordt hij bedaard.

'Nee, dat kun je niet weten, jij hebt geen kinderen.'

'Ik zal je plaats innemen.'

'Nee, dat kun je niet!'

Ik wil tegen hem schreeuwen, hem vertellen wat ik echt denk: 'Wat heb je me aangedaan? Je hebt geen seconde aan mij gedacht! Je zegt dat je de islam zult redden, maar de islam heeft jou niet nodig – ik heb je nodig. Heb je er ooit bij stilgestaan dat je een moeder hebt? Als ik alle moeders met hun kinderen zie, als ik bedenk dat ik mijn hele leven voor jullie heb gewerkt en dat ik nu helemaal alleen zit te praten met mijn zoon die in de gevangenis zit... Hoe dacht je de islam te redden, je kunt jezelf niet eens redden!'

Maar ik krijg het niet voor elkaar om hem te zeggen wat ik op mijn hart heb. Dus gaat het gesprek over op Jamila. Hij zegt dat hij plannen met haar heeft.

'Als ik vrijkom zal ik een broeder voor haar vinden met wie ze kan trouwen,' legt hij uit.

Hij zal met haar een contract van vijf jaar afsluiten. Zo zal ze leren een goede moslima en een goede moeder te zijn. Ik onderbreek zijn wartaal niet. Hij legt uit dat zij mij in die vijf jaar niet mag zien. 'Dat is omdat jij altijd klaarstaat om haar te helpen als ze er zelf niet uit komt.'

Ik reageer er maar niet op. Hij is er nog steeds van overtuigd dat hij de waarheid in pacht heeft en dat hij beslissingen kan nemen voor de hele wereld, alleen maar omdat hij een man is.

Dan somt hij de wenselijke eigenschappen van een huwbare vrouw op. Volgens hem zijn het er vijf: schoonheid, rijkdom, vroomheid, goede afkomst en tot slot, eventueel, liefde voor haar man. Ik geloof mijn oren niet. Deze ideeën hebben niets te maken met de Koran. Ze zijn slechts het stempel van zijn aangeleerde fanatisme. Het is geen gesprek meer maar een monoloog.

'Ik vraag je vergiffenis voor al het kwaad dat ik je heb aangedaan, mama,' zegt hij tot slot, zoals altijd. 'Ik houd van je, God zegene je. Ik bid voor de mensen die naar het paradijs willen.'

Maar jij bent degene voor wie gebeden moet worden, denk ik bij mezelf terwijl ik ophang.

Ik herinner me dat hij, toen hij in 1997 terugkwam, mijn voeten wilde kussen in de hoop dat ik hem zou vergeven. Nu begrijp ik dat hij in werkelijkheid alleen bij zijn bazen in een goed blaadje wilde komen. Waarschijnlijk hebben ze tegen hem gezegd: 'Als je moeder je niet vergeeft, ben je geen goede moslim en mag je je niet bij ons aansluiten.' En dus blijft hij om vergiffenis vragen. Het is inmiddels zo'n automatisme geworden dat het geen enkele betekenis meer heeft.

Sinds kort wil hij zelfs dat ik weer contact opneem met zijn vader, Omar, om ook hem vergiffenis te vragen voor zijn zoon. Toen mijn verbazing was weggezakt, ging ik akkoord. Het heeft flink wat tijd gekost, maar ik vond hem terug, in een opvanghuis in Parijs. Ik heb nooit tegen Zacarias durven zeggen dat zijn vader liever opnieuw de benen nam dan met hem te praten.

Het lijkt wel of Zacarias er plezier in schept al zijn boosaardigheid en zijn haatgevoelens voor degenen die anders denken dan hij – die een ander geloof hebben, de 'ongelovigen van de wereld', zoals hij ze noemt – te etaleren als hij mij aan de telefoon heeft. Ik zou graag tegen hem in gaan, maar ik heb niet meer zo veel kracht en energie als vroeger.

Hij verwijt mij ook dat ik geen praktiserende moslima ben, dat ik 'dwaal', dat ik 'doe wat ik wil'. Hij vertelt me over God, maar over welke God? Over de God die hem heeft geleid? God heeft nooit geweld en verwoesting gepredikt. Het zijn de fanatici die de wereld vernietigen. Als ik met mijn zoon telefoneer, doe ik dat omdat ik wil weten hoe het met hem gaat en niet om toe te luisteren terwijl hij zijn haatgevoelens de vrije loop laat.

Zijn rancune en opruiende taal boezemen me afschuw in, doen me pijn. Iedere maand wordt hij agressiever, radicaler. Als een zelfdestructieve vlucht naar voren. Als ik ophang ben ik vaak misselijk.

Januari 2005. Weer een telefoongesprek met Zacarias. Zijn houding irriteert me steeds meer. Ik heb vannacht geen oog dichtgedaan. Deze momenten zouden me vreugde en troost moeten bieden, maar het tegendeel is het geval. Ik realiseer me dat het me pijn doet te worden geconfronteerd met de persoon die hij is geworden, deze nieuwe Zacarias die ik niet ken. Na zijn gebruikelijke preek over zijn visie op de islam verwijt hij ons, zijn vader en mij, dat we naar Europa zijn gekomen.

'Weet je mama, ik vind het erg dat ik Frans ben,' zegt hij. Nu is de grens bereikt. Ik besluit hem te zeggen wat ik denk en niet meer naar zijn domme uitspraken te luisteren zonder tegengas te geven.

'Dat zeg je omdat je hier bent opgegroeid,' zeg ik. 'Je weet niets over het leven daar. De mensen leven in beroerde omstandigheden en iedere dag sterft er iemand bij een poging de grens over te steken.'

'Dat zijn imbecielen, ze moeten gewoon blijven waar ze zijn,' antwoordt hij misprijzend.

Het gesprek krijgt snel een agressief karakter. Hij antwoordt

dat we niet dezelfde waarden hebben, omdat ik van Frankrijk
houd en geen goede moslima ben.

Zijn verachting haalt me het bloed onder de nagels vandaan.

'Wie denk je wel dat je bent? Ik ben een goede moslima, ik heb
nooit iemand kwaad gedaan. En jij, wat heb jij met je leven
gedaan, wat heb je voor je moeder, voor je zusters gedaan? Je wilde studeren, maar dat heeft niets opgeleverd. Bij mij zit de islam
in mijn hart. De islam zegt dat je je omgeving moet beschermen
door respect te hebben, en dat je daarmee al op jonge leeftijd
moet beginnen. Jij hebt je allerlei problemen op de hals gehaald
en van de ene op de andere dag zeg je dat je moslim bent en wil
je de hele wereld bekeren. Maar je hebt er niets van begrepen!'

Aan het einde van mijn tirade sta ik versteld van mezelf. Ik
schaam me bijna over mijn harde toon. Voor het eerst heb ik
hem kunnen zeggen wat ik denk.

Hij antwoordt dat we over de Koran kunnen praten als ik dat
wil. Maar ik ken de Koran – de Koran van de liefde van God, niet
die van de politiek!

Ik wil niet dat hij me vertelt wat ik moet doen. Hij begrijpt niet
dat hij de gevangenis nooit zal verlaten als hij zo blijft praten.
Angst welt in me op, angst om hem.

Ik moet op een andere manier over hem gaan denken. Ik moet
rationeel zijn en niet bang zijn om zijn ware aard te leren kennen. En ook als mijn maag ineenkrimpt van pijn en angst, mag
ik nooit vergeten wat hij keer op keer herhaalt: dat het heel goed
met hem gaat en dat hij niet ziet waarom dat voor mij niet zou
gelden. Hij zit in het hol van de leeuw en hij kraait victorie! Hij
pocht en zegt steeds weer dat hij als hij vrijkomt vier vrouwen
zal trouwen. Hij verbaast zich erover dat ik hem niet als martelaar van de islam zie. Ja, hij is een martelaar, maar van zijn eigen

domheid, van zijn fanatisme, zijn arrogantie. Ik sta lijnrecht
tegenover hem; ik moet niets hebben van haat en geweld. Ik ver-
oordeel anderen niet vanwege hun religie, hun huidskleur of hun
ras. God heeft ons als gelijken geschapen. Ik ben vastbesloten
mijn gevoel te volgen en mijn krachten te sparen zodat ik zonder kleerscheuren uit de strijd kom.

12 april 2005, het is ochtend. Ik bereid me voor op het telefoontje van Zacarias. Ik weet dat het nergens toe leidt. Hij zal
opnieuw zeggen dat hij zich wil opofferen voor anderen, en al die
andere domme uitlatingen doen over het martelaarschap, de
islam...

De advocaten hebben me gewaarschuwd dat hij mogelijk
opnieuw van gedachten is veranderd: hij zou uiteindelijk hebben
besloten schuldig te pleiten. 'Als u hem aan de telefoon heeft,
moet u het hem absoluut uit het hoofd praten,' zeggen ze,
'anders kunnen we niets doen.' Dat wordt de doodstraf of levenslang.

Mijn benen beginnen te trillen en ik bereik nog net de stoel
voordat ik val. Is alles dan voor niets geweest? Mijn pogingen
hem de hand te reiken, al die keren dat ik hem heb bezocht, al
die telefoongesprekken om het contact in stand te houden, hebben hem niet tot inkeer kunnen brengen of dat vonkje menselijkheid kunnen laten ontbranden waar ik op had gehoopt.

De telefoon gaat. Het is Zacarias.

Hij begint tegen me te praten over goede en slechte tijden.

'Hou op!' Ik kan het niet langer aanhoren. 'Wat ga je doen? Heb
je echt schuldig gepleit?'

'Dat gaat je niets aan. Je moet je plaats weten als moeder,' antwoordt hij scherp.

'Maar dat is zelfmoord!'

'Ze willen toch mijn hoofd? Goed dan, ik zal het ze aanbieden op een zilveren schaal, ik zal ze laten zien dat ik niet bang ben.'

'Maar wat denk je nou? Dat je aan gene zijde zeventig maagden krijgt? Heb je dáárvoor gestudeerd?'

'Ik heb geen zin om er met je over te praten,' zegt hij kortaf.

Ik begrijp dat hij besloten heeft het spel van de Amerikanen mee te spelen. Ze zochten een schuldige voor 11 september en hij biedt zich vrijwillig aan! Hij is ze recht in de armen gelopen. De moslimstrijders hebben hem gebruikt, ze hebben hem zo geprogrammeerd dat hij zich wil opofferen, en verblind door zijn haat gehoorzaamt hij.

'Maar uit naam van wat wil je je opofferen? De islam heeft nooit iemand opgedragen dat te doen!'

'Maar het is oorlog! Zie je niet dat de moslims overal lijden? In Irak, in Palestina, in Tsjetsjenië?'

'Nee, jij bent degene die oorlog voert met jezelf! Je had een blanco strafblad en nu ben je bezig het zelf te vullen. Vertel me eens hoe je die mensen kunt helpen als je in de gevangenis zit?'

'Ik hoef geen rechtvaardig proces. Ik wil als martelaar sterven.'

Ik kan het niet meer opbrengen om met hem te praten of naar hem te luisteren. Er is niets aan te doen: hij is niet meer de zoon die ik kende. We begrijpen elkaar niet meer.

'Luister,' zeg ik, 'als je alleen maar onzin kunt uitkramen, heeft dit geen zin. We praten wel weer verder als je ophoudt met deze lariekoek.'

Ik ben bang dat hij aan de telefoon dingen zal zeggen die zich tegen hem keren. En ik wil niet degene zijn die hem aanzet tot deze verwarde uitspraken.

Pijnlijke telefoongesprekken

Ik ben boos op hem om de emoties die hij in mij wakker maakt. Ik wil dat hij me om hulp vraagt, dat hij oprecht om vergiffenis vraagt, dat hij degenen die vechten om hem de doodstraf te besparen dankbaar is, maar in plaats daarvan veracht hij iedereen, ook mij.

Hij is mijn zoon en hij zal nooit uit mijn hart verdwijnen, maar als ik hem wil helpen, moet ik mezelf beschermen en een einde maken aan deze telefoongesprekken, die de kloof tussen ons alleen maar verbreden.

27

Zacarias pleit schuldig
(mijn droom spat uiteen)

22 april 2005. Het is 19.00 uur, het is voorbij. Ik ben thuis in Narbonne. In Washington is de hoorzitting net afgelopen. Zacarias zal formeel verklaren dat hij medeplichtig is aan de aanslagen van 11 september. Ik ben verpletterd. Tot het laatste moment hoopte ik dat hij van gedachten zou veranderen, dat hij zijn verstand terug zou krijgen. Dat was tenslotte al eens eerder gebeurd. Helemaal alleen, diep weggestopt in zijn cel, schreef hij, zonder dat iemand erom vroeg, een brief aan de aanklager waarin hij te kennen gaf dat hij had besloten schuldig te pleiten op alle aanklachten tegen hem, zonder uitzondering! Het resultaat is dat hij vier keer de doodstraf kan krijgen!

Het is volslagen absurd! Op 11 september zat hij in de gevangenis, hij kón niet eens iets doen. De advocaten blijven maar herhalen: 'In het dossier van uw zoon staat niets. Het enige wat ze kunnen bewijzen is dat hij bij al-Qaida hoorde, daar kunnen we niet omheen. Maar niets, helemaal niets verbindt hem rechtstreeks met de daders van deze aanslagen. Ze kunnen hem niet ter dood veroordelen.' Uiteindelijk was ik ze gaan geloven en begon ik te hopen op een eerlijke rechtsgang. In mijn dromen zag ik dat hij een paar jaar in de gevangenis moest doorbrengen vanwege zijn lidmaatschap van de terreurgroep. Dat zou terecht zijn: hij heeft een fout begaan en daarvoor moet hij boeten. Maar ik stelde me voor dat hij tien, vijftien of twintig jaar later naar huis zou terugkeren. Hij zou veranderd zijn, de haat zou uit zijn hart zijn verdreven en ik zou hem kunnen helpen een leven op te bouwen tussen zijn naasten. Ik geloofde in mijn droom en voor die droom vecht ik al vier jaar. En opnieuw heeft Zacarias met één pennenstreek alles verwoest, alles kapotgemaakt.

Hij weet heel goed dat als hij schuldig pleit de waarheid nooit aan het licht komt. Het proces is alleen maar bedoeld om te kiezen tussen de enige twee vonnissen die het Amerikaanse recht in deze zaak kent: de doodstraf of een levenslange gevangenisstraf. Voor mij is er geen verschil tussen die twee: ik zal mijn zoon nooit terugzien. Maar hem kan het niets schelen; hij wil sterven.

En om er zeker van te zijn dat hij zijn doel bereikt, heeft hij nog een 'verrassing' in petto voor de aanklager. Omdat hij weet dat zijn dossier vrijwel blanco is, verklaart hij dat hij niets te maken heeft met 11 september, maar dat hij de taak had om een reeks aanslagen op het Witte Huis te organiseren, die later zou plaatsvinden! Zo weet hij zeker dat hij een martelaar wordt: hij weet dat het voor zijn advocaten praktisch onmogelijk zal zijn het tegendeel te bewijzen.

In zijn brief geeft Zacarias zelfs details. Hij legt uit dat Bin Laden hem persoonlijk heeft uitverkoren omdat deze wist dat hij ervan droomde het Witte Huis de lucht in te laten vliegen. '*Saharoui*, denk aan je droom,' zou Bin Laden hebben gezegd toen hij hem aanwees. Alsof dat nog niet genoeg is voegt Zacarias eraan toe dat hij ook plannen had voor de bevrijding van sjeik Omar Abd el-Rahman, een Egyptenaar die twaalf jaar gevangenzit voor het voorbereiden van aanslagen in New York.

Eigenlijk is het een buitenkansje voor de Amerikanen dat Zacarias zo dom is zijn eigen aanklager te worden. Welk spel speelt hij? Misschien denkt hij dat hij Amerika in zijn eigen val kan laten lopen: als hij eenmaal ter dood is veroordeeld, kan hij zijn onschuld bewijzen en zo de Amerikaanse regering te kijk zetten. Maar zo werkt het niet. Als hij steeds maar blijft roepen dat hij als martelaar wil sterven, zal hij uiteindelijk echt worden geëxecuteerd, dat is het enige wat hij bereikt! En niemand zal proberen hem te rehabiliteren, zeker zijn militante vrienden niet, die hem al vergeten zijn, nu hij diep is weggestopt in zijn cel!

Mijn wereld stort in. Ik ben er nog steeds van overtuigd dat mijn zoon niets te maken heeft met de aanslagen van 11 september, maar ik moet wennen aan het idee dat Zacarias wel degelijk deel uitmaakte van al-Qaida.

Ik ben boos op iedereen die hem misdadige ideeën heeft aangepraat, die mijn zoon heeft veranderd in een fundamentalistische robot, te beginnen met Bin Laden. 'Hij is mijn vader,' zegt Zacarias over hem. Maar welke vader stuurt zijn zoon de dood in? Op dat moment besef ik hoe diep de wonden uit zijn jeugd zijn. Net als mijn andere kinderen wist hij al lang voordat hij de moederschoot verliet, wat geweld was. Hij is ook niet uit liefde geboren. Omar, zijn vader, heeft hem daar regelmatig aan herinnerd. Wie weet hoezeer dat gif zijn hart heeft aangetast. Toch hield ik vanaf de eerste dag van hem, net als van de anderen. Maar misschien had hij geen liefde nodig, maar gewoon een compleet gezin met een liefhebbende en geïnteresseerde vader. Moederliefde was voor hem niet genoeg. Vervuld van angst door het beeld van zijn moeder die door zijn vader bont en blauw werd geslagen, van hot naar her gesleept, verscheurd door zijn Marokkaanse afkomst en zijn Franse leven, was hij alleen maar op zoek naar een rolmodel, iemand met gezag die grenzen kon stellen. En tot onze schade heeft zijn behoefte aan erkenning hem verblind en in de armen van de extremisten gedreven.

Als hij vandaag schuldig pleit, als hij veinst dat hij een rol speelde bij de aanslagen, doet hij dat alleen maar om Bin Laden te behagen. Het is lang geleden dat Zacarias voor het laatst zijn eigen weg zocht. Ik ben niet verantwoordelijk voor zijn daden, maar ik neem het mezelf kwalijk dat ik hem niet heb kunnen beschermen, dat ik hem geen waarden als vrijheid, respect en tolerantie heb kunnen bijbrengen. Het idee dat mijn zoon deze aanslagen toejuicht en dat hij er zelfs graag aan zou hebben meegewerkt, kwelt me. Toch ben ik altijd van hem blijven houden. Moeders begrijpen dat. Hoe dieper mijn zoon wegzakt in het moeras, hoe meer hij mij nodig heeft.

Maar deze keer is het anders. Van begin af aan ben ik ervan overtuigd dat hij niets te maken heeft met 11 september. Hij heeft het herhaaldelijk tegen me gezegd. En nu draait hij plotseling om als een blad aan een boom en verklaart hij schuldig te zijn aan van alles en nog wat. Ik beschouw het als verraad. Want ik weet dat hij liegt en dat hij nergens bij betrokken was. Hij is onschuldig, maar door zich schuldig te verklaren aan misdaden die hij niet heeft begaan, wordt de jarenlang door mij gekoesterde hoop dat op een dag de waarheid aan het licht komt, de bodem ingeslagen.

Waarom doet hij dit? Die vraag heb ik mezelf al duizend keer gesteld.

Alles begon toen de rechter hem het recht ontnam zijn eigen verdediging te voeren. Maandenlang heeft hij het spel meegespeeld, getuigen ondervraagd, zonder ophouden gewerkt aan zijn dossier, maar langzamerhand verloor hij zijn grenzen uit het oog, begon hij te geloven dat hij onaantastbaar was. Hij beledigde de getuigen, de aanklager, de rechter en daarvoor werd hij gestraft. De rechter droeg zijn verdediging over aan de advocaten die hij had afgewezen. Dat heeft zijn geest gebroken. Misschien wil hij door schuldig te pleiten alleen maar aantonen dat hij zijn eigen lot bepaalt en niemand anders.

Ik moet ook aan een Engelse televisiefilm denken die enkele maanden eerder werd uitgezonden, *The Hamburg Cell*, over de terroristen van 11 september. Zacarias werd daarin beschreven als een lid van al-Qaida dat weinig vertrouwen genoot bij zijn bazen en nog vóór de aanslagen uit de groep werd gezet. In een van onze gesprekken maakte hij duidelijk dat hij de film kende. Op dat moment besteedde ik er geen aandacht aan, maar nu ben ik bang dat hij schuldig pleit uit trots, alsof hij wil zeggen: zie je wel dat ik geen nietsnut ben!

Ik neem het de Verenigde Staten kwalijk dat ze de waanzin van mijn zoon steunen. Het is duidelijk dat ze niet naar de waarheid zoeken, maar dat ze alleen een schuldige zoeken, het doet er niet toe of die persoon niet meer dan een zondebok is.

28

Het verraad

Juli 2005. Het is drie maanden geleden dat Zacarias schuldig pleitte, en ik heb niets meer van hem gehoord. Ik zie hem voor me, in zijn donkere cel, verstrikt in zijn suïcidale logica. Ik ben uitgeput. Voor het eerst heb ik zin om het bijltje erbij neer te gooien. Wat heeft het voor zin om door te blijven vechten tot het vonnis is uitgesproken?

De Amerikaanse advocaten denken er anders over. Zij denken nog steeds dat ze de doodstraf kunnen voorkomen. Ze komen naar Parijs om zijn verdediging op touw te zetten met mr. Roux, hun contact in Frankrijk, en mr. Baudouin, mijn advocaat die is aangesloten bij een mensenrechtenorganisatie.

'Maar dat was voordat hij de handdoek in de ring gooide,' zeg ik tegen hen. 'Nu is het te laat. Hij zal hoe dan ook de rest van zijn leven in de gevangenis doorbrengen.'

'We mogen hem niet laten vallen,' antwoordt Gerald Zerkin, de leider van de Amerikaanse advocaten.

Voor hen is het aftellen begonnen. Het proces gaat begin 2006 van start en ze hebben minder dan een jaar om 'verzachtende omstandigheden' te vinden. Ik begrijp niet meteen wat die term in hun wereld inhoudt.

Ze willen alles weten over mijn leven en dat van Zacarias. Ze willen ook onze familie ontmoeten, onze vrienden, de schoolmaatjes van de kinderen. Een gigantisch karwei.

'Aïcha, als je je zoon wilt redden, moet je ons helpen,' zegt mr. Roux.

Natuurlijk hebben ze me nodig! Ze weten niets van Zacarias. Hij heeft altijd geweigerd ze te ontvangen en wisselt nooit een woord met hen. Hoe kunnen ze hem in deze omstandigheden ooit verdedigen? Ze kennen hem niet eens.

Moet ik wel of niet met hen samenwerken? Het is een duivels dilemma. Tot nu toe hebben de Amerikaanse advocaten niets meer gedaan dan mij op de hoogte houden van de stappen die ze hebben gezet. We hebben eigenlijk nooit echt samengewerkt, maar nu moet ik beslissen of ik me bij hun team zal aansluiten. Als ik dat doe, weet ik dat Zacarias het me nooit zal vergeven. Hij verafschuwt hen. 'Mama, als je van me houdt, als je echt iets voor me wilt doen, zeg dan geen woord meer tegen die advocaten,' heeft hij verschillende keren gezegd, 'ze hebben nooit geluisterd naar wat ik wil.' Omdat ze door de regering worden betaald en bovendien pro-Deoadvocaten zijn, was Zacarias er van het begin af aan van overtuigd dat ze hem niet proberen te verdedigen, maar hem juist te gronde willen richten. Als hij hoort dat ik met ze samenwerk, zal hij ongetwijfeld denken dat ik hem heb verraden.

Maar ik heb geen keus. Die advocaten zijn misschien wel de enige kans om het leven van mijn zoon te redden.

Mr. Roux leest mijn twijfels in mijn ogen. 'Maak je geen zorgen, Aïcha,' stelt hij me gerust. 'Als je ons in vertrouwen neemt komt alles goed.'

'Als ik jullie help,' zeg ik, 'kunnen jullie me dan garanderen dat ik tijdens het proces naast mijn zoon mag zitten?'

'Vanzelfsprekend, Aïcha,' antwoorden ze. 'Wij regelen alles. Wacht maar af, hij zal je dankbaar zijn als we hem vrijpleiten en als hij op een dag vrijkomt,' verzekert Zerkin me.

'Oké, misschien hebben jullie gelijk. Ik zal jullie helpen.'

Opnieuw heb ik me laten overhalen.

Enkele maanden rijden we kriskras door Frankrijk, in het spoor van ons verleden, van Saint-Jean-de-Luz naar Narbonne, via Mulhouse en Périgueux. Ze willen alles weten over ons leven, over onze handel en wandel. Ze willen iedereen ontmoeten die iets positiefs over Zacarias zou kunnen melden, die hen zou kunnen helpen hem een menselijker gezicht te geven. Soms lijkt het alsof we een speld in een hooiberg zoeken: we proberen mensen op te sporen van wie ik meer dan vijftien, twintig of zelfs dertig jaar niets meer heb vernomen!

En toch lukt het. We vinden buren terug, collega's, schoolvriendjes en zelfs het eerste vriendinnetje van Zacarias!

December 2005. Het verzamelen van gegevens is bijna voltooid. We hebben enkele tientallen personen gesproken en allemaal hebben ze toestemming gegeven hun getuigenis te gebruiken. Wat is het ontroerend om te merken dat die mensen ons niet vergeten zijn en dat ze ons, na al die tijd, willen helpen, ter nagedachtenis aan die momenten van vriendschap die we hebben gedeeld.

Ik zou opgelucht moeten zijn, maar dat ben ik niet. Ik heb het gevoel dat de advocaten iets voor me verborgen houden. Al tijdens onze 'Tour de France' merkte ik dat ze mijn vrienden heel veel vragen stelden over mij, alsof niet mijn zoon de beklaagde was, maar ikzelf.

Uiteindelijk leggen ze uit wat hun nieuwe strategie is: ze willen bewijzen dat Zacarias niet verantwoordelijk kan worden gehouden voor zijn daden, omdat hij een psychiatrische stoornis heeft. Maar dat is nog niet alles: ze willen aantonen dat het leed dat hem als kind is aangedaan, de oorzaak is van zijn stoornis. 'Jij moet naar de media gaan om uit te leggen dat je niet genoeg aandacht aan de kinderen hebt besteed, dat je fouten hebt gemaakt bij hun opvoeding,' durft mr. Roux voor te stellen.

Wat een verraad!

Dus dat is hun geniale plan: mij ten overstaan van de hele wereld afschilderen als een slechte moeder die haar kinderen aan hun lot heeft overgelaten, en Zacarias verraden door te beweren dat hij gestoord is! Zacarias is weliswaar niet meer in zijn normale doen sinds hij in die afschuwelijke omstandigheden gevangenzit, maar hij is niet gek, en dat is hij ook nooit geweest! Wat naïef van mij om te denken dat ze zouden proberen te bewijzen dat mijn zoon niets te maken heeft met 11 september en alleen schuldig pleit omdat de gevangenis zijn blik op de werkelijkheid heeft vertroebeld, dat hij gemanipuleerd is, kortom, dat ze de aanklachten een voor een zouden weerleggen. Maar in feite zijn ze al verslagen en proberen ze met trucjes te redden wat er te redden valt.

Hoe dan ook, sinds hij schuldig heeft gepleit ligt zijn lot vast. De doodstraf of een levenslange gevangenisstraf, wat maakt het uit: ik zal hem nooit meer zien, nooit meer zijn hand vasthouden. Dus rest ons niets anders dan de waarheid en waardigheid! Zijn advocaten hebben het recht niet dat van ons af te pakken!

'Willen jullie dat ik lieg, is dat het, willen jullie dat ik zeg dat Zacarias niet alleen geen vader maar ook geen moeder heeft gehad, dat hij een fundamentalist is geworden omdat ik hem slecht heb opgevoed, dat iedereen in zijn familie gek is, is dat het?'

'Maar Aïcha, het is alleen maar om te voorkomen dat hij de doodstraf krijgt!' zeggen ze.

'Nou en! Dat is nog geen reden om te liegen!'

Vier jaar lang heb ik onafgebroken gestreden. Ik verzet bergen om te proberen mijn zoon te redden en uiteindelijk zijn het zijn eigen advocaten, aan wie ik me helemaal heb blootgegeven, die me de hardste klap toebrengen. Ik voel me vernederd. Ik zie hun verdedigingsstrategie niet alleen als verraad, maar ook als een belediging voor alle moeders.

Maar er volgt nog een verrassing. Enkele dagen later belt mr. Roux bij me aan. Hij heeft iets belangrijks te zeggen. Het vertrouwen tussen ons is geschaad en ik verwacht weinig goeds, maar de waarheid is nog erger.

Hij vertelt me dat ze me toch niet bij het hele proces aanwezig kunnen laten zijn. Ze hebben al het geld al uitgegeven dat de staat ze ter beschikking heeft gesteld.

'Je kunt vijf dagen komen, maar op voorwaarde dat je niet met de media praat,' zegt hij.

'En waarom niet?'

'Omdat de aanklager anders zal beweren dat je het geld van de Amerikaanse belastingbetaler voor je eigen zaak gebruikt, dus we kunnen maar beter voorzichtig zijn.'

Kortom, ze willen me muilkorven, uit angst dat ik hun strategie verraad! Ik geloof mijn oren niet! Waar zien ze me voor aan? Laat ze hun geld maar houden, ik vind zelf wel een manier om naar Amerika te vliegen, ik leen geld als dat nodig is. Niemand zal mij ervan weerhouden te zeggen wat ik te zeggen heb, zij noch de aanklager!

Tussen de advocaten en mij is een definitieve breuk ontstaan.

Ik wil niets meer met ze te maken hebben. En weer voel ik me alleen. Gelukkig verzekert mr. Baudouin me dat hij een andere manier zal vinden om ervoor te zorgen dat ik tijdens het proces bij mijn zoon kan zijn.

Enkele weken later krijg ik weer een telefoontje. De rechters gaan niet akkoord met het plan van de advocaten om aan te tonen dat Zacarias een psychiatrische stoornis heeft, omdat 'de verdachte gedurende het gehele vooronderzoek heeft bewezen volledig bij zijn verstand te zijn'. Hoe dan ook, om aan te tonen dat mijn zoon schizofreen is, is de mening van een deskundige nodig, maar mijn zoon heeft tot nu toe ieder psychiatrisch onderzoek geweigerd. Misschien was hij bang dat ze zouden verklaren dat hij gestoord was...

Dit nieuws is een vreemd soort overwinning voor mij. Ik kan niet echt blij zijn met deze beslissing. Over enkele dagen vertrek ik naar Washington om het proces bij te wonen, in de overtuiging dat aan het einde van deze schertsvertoning mijn zoon zijn dood tegemoet gaat.

26 januari 2006. Ik krijg een collect call van Nadia. Ik houd van deze al te schaarse momenten van saamhorigheid met mijn dochters. We praten over koetjes en kalfjes, maar Zacarias is voortdurend in onze gedachten. Aan mijn stem hoort ze dat ik er niet echt bij ben, dat ik uitgeput ben.

'Werk je nog steeds met die advocaten samen om Zacarias te helpen?' vraagt ze.

'Ik weet niet of ik er goed aan doe...'

'Je hebt niets te verliezen. Je doet wat je kunt. Met Zacarias is het altijd ingewikkeld geweest. Ga je terug naar de Verenigde Staten?'

'Ja. Een weekje.'

'Oké, ik kan niet zeggen dat het een vakantie is en dat het je goed zal doen, maar ik wens je veel sterkte, mama.'

'Ik wilde dat ik eronderuit kon. Hij heeft me verwoest. Hij heeft de hele familie verwoest.'

'Dat moet je niet zeggen, mama, het is niet waar.'

'Waarom niet?'

'We leven toch nog. Het enige wat hij heeft verwoest, is zijn eigen toekomst, mama.'

Die simpele woorden verwarmen mijn hart en geven me de moed om de beproeving die me te wachten staat, het hoofd te bieden.

29

Zacarias graaft zijn eigen graf

6 februari 2006. Het is de eerste dag van het proces. Of eigenlijk van de eerste fase van het proces. Het enige wat er vandaag gebeurt is dat de jury wordt geselecteerd, er worden nog geen pleidooien gehouden. Dus hebben de advocaten mij ervan overtuigd dat ik beter hier in Narbonne kan blijven omdat er volgens hen niets interessants gebeurt.

Maar ik ken mijn zoon, of liever gezegd, ik ken de provocateur die hij is geworden. Ik vrees dat hij deze eerste dag zal gebruiken om opzien te baren, om olie op het vuur te gooien. De hele dag schakel ik van het ene kanaal naar het andere, van de radio naar de televisie.

Helaas klopt mijn intuïtie. Volgens de journalisten heeft Zacarias weer eens alles in het werk gesteld om zichzelf zo slecht mogelijk voor de dag te laten komen. Bij de opening van de zitting vroeg hij meteen het woord. 'Ik wil dat er naar me wordt geluisterd. Deze mensen vertegenwoordigen mij niet,' zei hij, naar zijn advocaten wijzend. En toen de rechter zei dat het nog niet zijn beurt was om te spreken, werd hij boos en herhaalde hij dat hij niet door deze toegewezen pro-Deoadvocaten vertegenwoordigd wilde worden, dat dit proces een farce was. Hij besloot op uitdagende toon: 'Ik ben al-Qaida!' Uiteraard liet de rechter hem verwijderen. Hij had maar twee minuten nodig om haar tot het uiterste te drijven.

Een paar dagen later mag Zacarias weer in de rechtszaal plaatsnemen. De kranten vertellen me dat hij meteen weer met zijn voorstelling begon. 'Ik ben geen Fransman, ik zal nooit een Fransman zijn. Ik ben hier als moslim,' zei hij, waarna hij eraan toevoegde: 'Ik wil niets te maken hebben met een land van homoseksuele kruisvaarders!' Hoe kan hij vergeten zijn dat hij er twintig jaar lang trots op was boven alles een Fransman te zijn. Maar nu is zijn hoofd gevuld met haat en iedereen krijgt zijn portie, te beginnen met zijn advocaten, die hij respectievelijk aanduidt als 'jood', 'agent van de Ku-Klux-Klan', 'hond' en zelfs 'geisha', een verwijzing naar de Aziatische afkomst van een van hen.

Ik schaam me voor hem als ik hem al die racistische en antisemitische beledigingen hoor spuien!

Ik ben ontsteld, moedeloos. Ik kan me verweren tegen alle kritiek en aanvallen, ik kan bergen verzetten om hem te redden, ook al doet hij zelf zo zijn best doet om te sterven, maar waar ik niet tegen kan vechten is de schaamte die zijn uitlatingen me inboezemen. Hoe kan ik hem verdedigen tegen degenen die hem willen afschilderen als een gestoorde fanaticus, als de media steeds maar weer zijn agressieve uitingen aanhalen om hem belachelijk te maken?

De rechter heeft het spel van Zacarias begrepen: 'U bent uw ergste vijand,' werpt ze hem toe voordat ze hem weer laat verwijderen. Terwijl hij wegloopt, omringd door zijn bewakers, draait hij zich met een ironische glimlach om naar de rechter: 'Houdt u zich nou maar bezig met mijn dood.'

Het proces vervult me met angst. Ik ben niet bang voor het vonnis, maar wel dat Zacarias met zijn provocerende uitlatingen meer op het spel zet dan zijn leven, namelijk zijn eer en de eer van allen die hij in zijn val meesleept.

30

Een vreemde in het beklaagdenbankje

4 maart 2006. Het proces begint over twee dagen. Vreemd genoeg ben ik minder gespannen dan de vorige keren dat ik in Washington aankwam. Zonder twijfel omdat ik diep vanbinnen weet dat het pleit al beslecht is. Zacarias is bij voorbaat veroordeeld, en of hij nu een doodvonnis krijgt of een levenslange gevangenisstraf, hij zal de gevangenis nooit meer verlaten. Het enige wat ik nog kan doen, is mijn zoon laten zien dat ik voor hem klaarsta, dat ik hem niet heb verlaten.

Om halftien 's ochtends land ik in Washington. De Franse mensenrechtenorganisatie Ligue des droits de l'homme en de liefdadigheidsinstelling Cimade uit Montpellier hebben de handen ineengeslagen om mij in staat te stellen een paar dagen bij het proces aanwezig te zijn. En ze vragen er, in tegenstelling tot de Amerikaanse advocaten, niets voor terug. Maar ik ben ze voor eeuwig dankbaar dat ze me niet in de steek hebben gelaten toen ik hen het hardst nodig had.

Als ik uit het vliegtuig stap kijk ik om me heen: ik zie geen enkele camera of microfoon. Ik ben maar bang voor één ding: te worden bestormd door de media. Ik voel me als een moeder die naar de begrafenis van haar zoon gaat en ik kan het niet aan om hun vragen te beantwoorden. Gelukkig lijkt de pers nog niet te zijn gearriveerd.

Ik ben nog in gedachten verzonken wanneer ik door de douane loop. Degenen die dat al eens hebben meegemaakt, weten hoe precies en pietluttig ze kunnen zijn. En ik heb pech, want wanneer ik voor het loket sta, is mijn koffer nergens te bekennen! Ik heb hem toevertrouwd aan een vriendin die optreedt als tolk. Helaas is zij al door de controle gegaan en wacht ze aan de andere kant van de poortjes! Daar sta ik dan, tegenover douaniers wier taal ik nauwelijks spreek en die me duidelijk niet herkennen.

Een politieman brengt me naar een kamertje om me te ondervragen. Terwijl ik achter zijn indrukwekkende gestalte aanloop, breekt het zweet me uit. Ik zie de schreeuwende krantenkoppen al: MOEDER VAN MOUSSAOUI AANGEHOUDEN DOOR DE AMERIKAANSE AUTORITEITEN. Dat soort publiciteit kunnen we nu niet gebruiken. Terwijl ik juist zo min mogelijk wilde opvallen. Dat begint al goed! Ik verwijt mezelf dat ik zo onnadenkend ben geweest.

Uiteindelijk lukt het me hun te vertellen wie ik ben en wat het doel van mijn verblijf hier in Washington is. En plotseling voelen zij zich ongemakkelijker dan ik. Aan de ene kant kunnen ze me niet laten gaan zonder mijn verhaal over de bagage na te trekken, en aan de andere kant zijn ze deze 'lastige' bezoekster liever kwijt dan rijk.

De komst van een tolk lost alles op. Hij slaagt erin mr. Baudouin te pakken te krijgen op zijn mobiel en vraagt hem mijn koffer terug te brengen.

Als ik mag vertrekken, staan de media al klaar. Ik geloof niet in voortekenen, maar als ik me door de menigte journalisten wring, schiet de gedachte door mijn hoofd dat de week slecht begint.

Halfvier. Ik heb toegestemd in een afspraak met de advocaten van Zacarias. Het weerzien verloopt ijzig. We drukken elkaar de hand, maar de glimlachjes en de beleefheidsfrasen zijn onoprecht. Ik zie haat in hun blikken.

De sfeer in het kleine kamertje is om te snijden. Ik ben hier voor één ding gekomen: hun nog eens recht in het gezicht te vertellen dat ik ze veracht omdat ze me zo hebben verraden. Ik heb ze geholpen, ik heb de deuren naar mijn vrienden voor hen geopend, ik heb ze alles over mijn leven verteld, en dat alles tegen de wens van mijn zoon. Ik heb dat risico genomen omdat ze hadden beloofd dat ik daarmee Zacarias zou helpen. En nu het proces begonnen is, realiseer ik me dat ze me voor hun karretje hebben gespannen, dat ze alleen maar zochten naar een manier om nog een rol van betekenis te kunnen spelen in de rechtszaal en voor het oog van de media.

'Hoe denkt u mijn zoon te verdedigen?' vraag ik zonder omhaal.

'We zullen proberen verzachtende omstandigheden te vinden,' legt mr. Zerkin uit.

'Gaat u soms zeggen dat hij een ongelukkige jeugd heeft gehad?'

'Nee, helemaal niet,' antwoordt hij op sussende toon.

'Lieg niet, ik heb het bewijs! Ik heb het document gelezen waarin u probeert mij af te schilderen als een slechte moeder.'

'O,' zegt hij met een beschaamde blik.

Van hen hoef ik niets meer te verwachten. Behalve misschien dat ze zich aan hun belofte houden een plaats in de rechtszaal voor me te bemachtigen. Want, hoe vreemd het ook lijkt, ik heb geen gereserveerde plaats.

'Waar zal ik zitten tijdens het proces?' vraag ik kortaf.

Gerald Zerkin, de leider van het team, komt langzaam naar me toe en vertelt enigszins gegeneerd dat ik de rechtszaal niet mag betreden.

'Het spijt ons, maar er is geen plaats meer,' zegt hij bij wijze van uitleg.

'En waar zal ik dan zitten?'

'In een zijkamertje, waar alles te zien zal zijn op een televisiescherm.'

Dat klinkt me vreemd, zelfs verdacht in de oren: ik, de moeder van de verdachte, die al vijf jaar zwoegt om de waarheid aan het licht te brengen, ik heb het recht niet om naast mijn zoon te zitten, terwijl de media van over de hele wereld wel in de zaal aanwezig zijn? Ik heb geen zin en geen energie me tegen hen te verzetten. 'Goed,' hoor ik mezelf op mechanische toon zeggen. Toch merk ik dat ze zich ongemakkelijk voelen, alsof ze iets voor me verbergen.

Het is mr. Baudouin, mijn advocaat, die het woord neemt: 'Jullie hebben de plicht deze vrouw de waarheid te vertellen. Ze heeft jullie geholpen, ze heeft alles gedaan wat jullie vroegen. Jullie zijn haar respect verschuldigd!'

De Amerikaanse advocaten kijken elkaar beschaamd aan. Na een korte stilte legt Gerald Zerkin me uit dat Zacarias degene is die niet wil dat ik bij het proces aanwezig ben. Hij zou bang zijn dat ik hem niet steun en dat ik tijdens de hoorzitting begin te schreeuwen en te huilen.

En wat als zij nou degenen zijn die bang zijn voor mijn reactie als ze voor de rechtbank al die leugens verkondigen? Hoe kan ik ze geloven nu al het vertrouwen dat er was tussen de advocaten en mij is verdwenen? In ieder geval heb ik geen keus. Ik zal er genoegen mee moeten nemen het proces bij te wonen in een zijkamertje, als een anonieme toeschouwer.

Ik zal niet eens worden opgeroepen om te getuigen: de advocaten hebben het me verboden. Ze zijn bang dat ik de verkeerde dingen zeg. Toch heb ik niets dan de waarheid verteld: dat Zacarias niet gek is, dat hij alleen maar een zondebok is, dat hij niets te maken heeft met 11 september en dat de ware schuldigen de terroristen zijn die hem hebben gehersenspoeld en hem hebben gebruikt. Ik weet dat de advocaten dat niet zullen zeggen. Op de vooravond van het proces voel ik me machtelozer dan ooit ten overstaan van een rechtssysteem dat op het punt staat mijn zoon te vermorzelen.

6 maart 2006. D-day. Al jaren kijk ik met verlangen maar ook met angst naar deze dag uit. Toch voel ik bijna geen spanning. Alsof het inmiddels allemaal ver van me af staat. Het lijkt in niets op het proces dat ik me duizenden keren heb ingebeeld. Ik dacht dat de straf die aan Zacarias zou worden opgelegd in verhouding zou staan tot wat hij in werkelijkheid gedaan heeft. Dat is de reden dat ik al die tijd alles heb gedaan om de waarheid te vinden. En nu, terwijl ik mijn jas aantrek om naar de taxi te lopen, heb ik het gevoel dat ik maar een gewone toeschouwer ben in een toneelstuk dat al geschreven is. Geen spanning, geen ongerustheid, alleen maar moeheid en verdriet omdat ik niet in staat ben gebleken de loop der dingen te veranderen. Het verzet tegen de regering van de Verenigde Staten, die niets anders wil dan Zacarias ter dood brengen was al zwaar, maar het gevecht tegen de vastbeslotenheid van mijn zoon zijn eigen ondergang te bewerkstelligen, gaat mijn krachten te boven.

Onderweg naar de rechtbank legt mijn advocaat nog een laatste keer uit hoe het proces zal verlopen. Eerst moet de jury zeggen of Zacarias schuldig is aan het achterhouden van informatie die de aanslagen van 11 september had kunnen voorkomen. Als de jury besluit dat dat niet het geval is, zal mijn zoon automatisch worden veroordeeld tot levenslang. Als hij schuldig wordt verklaard, wordt het proces hervat om vast te stellen of hij wel of niet de doodstraf verdient.

Ik luister naar hem, maar wat hij zegt dringt niet tot me door. Ik verwacht niets van dit proces en als ik het enorme gerechtsgebouw in loop, wil ik alleen maar dat het zo snel mogelijk achter de rug is.

Zoals aangekondigd word ik in een klein kamertje geplaatst, naast het publiek en de journalisten. Het doet pijn te weten dat mijn zoon zich op enkele meters van mij bevindt zonder dat ik hem 'in het echt' kan zien. Ik had net zo goed thuis kunnen zitten als ik toch geen contact met hem kan maken. Ik voel woede in me opwellen die even sterk is als mijn frustratie en gevoel van machteloosheid ten opzichte van de juridische machinerie en, vooral, ten opzichte van die advocaten die een muur optrekken tussen mij en mijn zoon. Ik ontplof bijna als ik een aantal lege plaatsen in de rechtszaal zie.

Tijdens de eerste schorsing spoed ik me naar de assistent van de advocaten die de pleidooien vertaalt: 'Jij gaat ze vertellen dat ik, als ik morgen geen plaats in de zaal krijg naast mijn zoon, vertrek en aan de journalisten zal vertellen hoe ik over hun strategie denk.'

Een paar minuten later, voordat de rechtszaak verdergaat, komt ze me vertellen dat ik toestemming heb.

Halftwee. Eindelijk zit ik in de zaal. Ik kijk naar het beklaagdenbankje. Zacarias is er nog niet. We hebben elkaar bijna een jaar niet gesproken, sinds het moment dat hij besloot zijn eigen graf

te graven door schuldig te pleiten. Mijn hart gaat als een razen-
de tekeer. Ik voel de spanning stijgen. Wat als er toch nog iets op
het spel staat in dit proces? Wat als ik hem door mijn aanwezigheid, mijn liefde, zou kunnen overhalen op te houden met dit
absurde en dodelijke spel en eindelijk de waarheid te vertellen,
niets dan de waarheid? Starend naar de deur waar hij doorheen
zal komen, zit ik te mijmeren...

Plotseling gaat de deur open en ik sta versteld! Dit is mijn zoon
niet. Dit is niet de Zacarias met de levendige, intense blik, die
ik de laatste keer zag, maar een opgezette, verwilderde man, een
beetje zoals Saddam Hoessein op de dag van zijn arrestatie. Op
zijn hoofd heeft hij een wit kapje en hij draagt een lange baard,
tot aan zijn buik, alsof hij de Amerikanen het gezicht wil tonen
dat ze van hem verwachten: dat van een extremist. Ik observeer
de mensen om me heen en zie hoe het publiek, de journalisten
en de jury naar hem kijken: het is duidelijk dat iedereen hem
aanziet voor een fanaticus. Met dit uiterlijk staat hij al met één
been in het graf.

Slechts enkele meters scheiden ons. De rillingen lopen me
over de rug. Voordat hij gaat zitten kijkt hij me even aan, maar
niet op de manier waarop ik had gehoopt. Het is een blik vol verwijten die lijkt te zeggen: je bent hier met de advocaten, je hebt
precies het tegenovergestelde gedaan van wat ik je heb gevraagd!
Hij wendt zijn hoofd af en keurt me de hele hoorzitting geen blik
waardig! Mijn hart wordt verscheurd. Hoe kan ik hem duidelijk
maken dat ik niets meer te maken heb met de advocaten die me
omringen? Ik ben alleen maar hier omdat ik zijn moeder ben en
omdat ik hem niet alleen kan laten tussen al die mensen die hem
dood wensen. Ik kan mijn met tranen gevulde ogen niet van
Zacarias afhouden.

Hij heeft een enorme riem om van leer en plastic. Ik kijk mr. Baudouin vragend aan. Uit zijn houding maak ik op dat hij deze vraag verwachtte: 'Het is een elektriciteitsriem,' legt hij uit. 'Als Zacarias zijn zelfbeheersing verliest, geeft een bewaker hem een stroomstoot om hem tot bedaren te brengen.'

Mijn adem stokt! Ik wist dat dit soort riemen bestonden voor honden, maar ik had nooit gedacht er een om het middel van mijn zoon te zien!

Het wordt me te veel. Ik moet weg, ik moet weg uit deze martelkamer waar ik alleen maar vijandige blikken zie, niet alleen van mijn zoon, maar ook van zijn advocaten. Buiten de zaal word ik bestormd door journalisten. Ze willen allemaal weten waarom mijn zoon me niet wilde aankijken. Hoe kan ik het hun uitleggen? Ik wil antwoorden dat hij zichzelf niet eens aankijkt, dus hoe kan hij mij dan aankijken? Maar de kracht ontbreekt me. Mijn benen kunnen me niet meer dragen en ik zak neer op de trappen van het gerechtsgebouw. Gelukkig word ik geholpen door mr. Baudouin en M. Robert R. Cushing, de voorzitter van de Amerikaanse vereniging tegen de doodstraf. Zonder hen had ik nooit aan de media kunnen ontkomen.

Ik keer terug naar het hotel en neem een slaappil om tot rust te komen.

De volgende dag besluit ik ondanks alles terug te keren naar de rechtszaal. Ik heb geen keus. Als ik eerder vertrek dan gepland, zullen de media zich afvragen waarom en ik wil het commentaar dat de positie van mijn zoon kan verzwakken, niet voeden. Ik mag nu niet opgeven.

Maar de spanning is te groot. De rechtbank verspreidt een video die in 2002 is opgenomen. Hij toont de ondervraging van een lid van al-Qaida dat in Maleisië werd gearresteerd en door de Amerikanen gevangen wordt gehouden. Deze man bekende in 1999 een zekere 'John' te hebben ontmoet, die hem zou hebben gevraagd spullen te leveren om explosieven te maken en die hem vertelde over zijn droom: een vliegtuig op het Witte Huis laten neerstorten.

In de periode dat de video werd opgenomen mocht Zacarias nog zijn eigen verdediging voeren en hij is dan ook degene die de ondervraging leidt. Hij probeert te ontdekken wie schuilgaat achter het pseudoniem 'John'.

'Hoe zou je deze John omschrijven?' vraagt mijn zoon in de opname.

'Hij ziet er net zo uit als jij,' antwoordt de getuige.

'Als ik?'

'Ja.'

'Weet je het zeker?'

'[...] Jij bent het.'

'Deze "John" ís Moussaoui?'

'Ja.'

Vreemd genoeg is het niet de inhoud van de video die me het meest schokt, ik weet tenslotte allang dat mijn zoon deel uitmaakt van al-Qaida. Het is zijn uiterlijk dat mij in een poel van verdriet stort. Hij heeft geen baard en geen wit kapje op zijn hoofd, maar vooral heeft hij nog de levendige blik die zo typisch voor hem is. Hij drukt zich zeer helder uit en leidt de ondervraging vaardig. Hij heeft niets te maken met de man die nu met holle ogen op enkele meters van mij in het beklaagdenbankje zit. Ik probeer na te gaan op welk moment Zacarias is veranderd, op welk moment zijn onmenselijke bestaan in de gevangenis zijn persoonlijkheid zo heeft aangetast.

Ik kan het niet langer verdragen. Aan het einde van de ochtend verlaat ik de rechtszaal en keer ik in tranen terug naar het hotel.

De volgende dag werpt Zacarias me alleen maar een korte blik toe vol verwijten en kijkt hij me verder niet meer aan, als een kind. Toch is het zijn leven dat op het spel staat.

Om hem niet te krenken draag ik al sinds de eerste dag een hoofddoek, maar het maakt niets uit. Door zijn gedrag geeft hij te kennen dat hij mijn aanwezigheid afkeurt. Hij is ervan overtuigd dat ik nog steeds met de advocaten onder één hoedje speel. Het hele proces is een kwelling, maar ik had niet verwacht dat mijn eigen zoon me het meest pijn zou doen.

Toch is er een sprankje hoop. Ik verneem dat een van zijn advocaten zijn vertrouwen heeft gewonnen, ook al werpt mijn zoon hun nog steeds de ene belediging na de andere voor de voeten. Sinds enkele maanden voert Zacarias regelmatig urenlange gesprekken met mr. Yamamoto, een van de mannen van het team van Zerkin. Waarom wel met hem en niet met de anderen? Ik heb geen idee. Misschien omdat deze advocaat zelf ook bij een minderheidsgroepering hoort. Tijdens hun gesprekken zie ik mijn zoon soms glimlachen en maakt hij zelfs af en toe een grapje. Waar hebben ze het over? Ik heb nooit rechtstreeks met mr. Yamamoto mogen praten, maar de wetenschap dat Zacarias in zijn gevangenis met iemand normaal contact heeft, geeft me hoop. Het bewijst dat zijn ziel niet dood is en dat zijn gedrag tijdens het proces alleen maar theater is. Maar dat maakt het niet minder pijnlijk om te zien dat hij alles in het werk stelt om de doodstraf te krijgen. Integendeel.

Gelukkig sta ik niet alleen en degenen die me steunen zijn op dit moment belangrijker dan wie ook.

31

Vredesboodschappen

'Kom een beetje bij ons uitrusten,' zegt Phyllis als we de rechtbank verlaten. 'Het is niet goed voor je als je hier bij het proces blijft.'

In minder dan vier jaar tijd is zij een van mijn dierbaarste vriendinnen geworden. Niets wees erop dat het lot ons bij elkaar zou brengen: Phyllis, Brian, Robert en Connie hebben hun zoon, dochter of echtgenoot verloren bij de aanslagen van 11 september, maar ze hebben besloten geen haat en wraakzucht in hun hart toe te laten.

We ontmoetten elkaar in november 2002. Ik vond het belangrijk om hun te zeggen dat ik met hen meevoelde. De nacht voor onze afspraak deed ik geen oog dicht, zo bang was ik voor hun blik, hun veroordeling. Maar zodra ik ze zag, wist ik dat er tussen ons alleen maar respect zou zijn, dat we zielsverwanten waren. Phyllis, wier zoon Greg omkwam toen de torens instortten, stond op, kwam naar me toe en nog voordat we een woord hadden gewisseld vielen we elkaar in de armen en huilden we minutenlang. Het was pijnlijk en prachtig tegelijk. We waren alleen maar twee moeders wier zoons waren meegesleurd in een gebeurtenis waar ze niets van begrepen.

Iedereen wist dat ik niet wilde proberen de daden van mijn zoon te rechtvaardigen, of dat ik mijn zoon wilde ontheffen van zijn verantwoordelijkheid. En ze lieten me delen in hun vriendschap en medeleven.

Sindsdien is het contact heel hecht gebleven. Zo hecht zelfs dat Phyllis Frans heeft geleerd om me enkele keren per maand te kunnen bellen! Ieder jaar op 11 september spreken we elkaar uitgebreid aan de telefoon. Deze dag rijt bij ons beiden oude wonden open, maar in plaats van dat dat ons scheidt, brengt het ons dichter bij elkaar: 'Onze zoons waren beiden op het verkeerde moment op de verkeerde plaats,' zegt Phyllis vaak, waarmee ze ons lot, onze pijn verbindt. En toen Zacarias besloot schuldig te pleiten, was zij een van de eersten die me belden om me te troosten.

Sinds het begin van het proces staan ze aan mijn zijde om vrede en vergiffenis te vragen. Hun houding is een wonderbaarlijke boodschap van liefde en verzoening. Hun warmte en vriendschap steken me een hart onder de riem. Ik denk dat ik zonder hen zou zijn ingestort. Zonder hen had ik niet de kracht gehad om deze beproeving te doorstaan. 'In ieder geval zal de hele wereld zien dat je niet de enige bent die de waarheid zoekt,' zegt Phyllis als ze de camera's ziet die op ons gericht staan. Helaas richten de media hun aandacht liever op de gezinnen die, gedreven door hun pijn, om wraak vragen in plaats van rechtvaardigheid.

Na vier dagen te hebben geleden in de rechtszaal ga ik dus naar Phyllis in New York om te proberen wat rust te vinden.

Wat een paradox! Ik ben hier gekomen om mijn zoon te steunen, die ervan wordt beschuldigd informatie achter te hebben

gehouden die de aanslagen had kunnen voorkomen en uiteindelijk zijn het de families van de slachtoffers van die aanslagen die
me troost bieden. De terugkeer naar New York vult me met een
eigenaardig gevoel. Tijdens een eerder verblijf in 2002 wilde ik
per se naar de plaats van de aanslag, Ground Zero. Wat een
schok! Ik krijg nog steeds de rillingen als ik aan die kille, druk-
kende, aangrijpende plek denk, waar de geur van dood en een-
zaamheid hing. Als ik bij de graftombe van deze duizenden
onschuldigen sta, voel ik zowel oneindig verdriet voor de slachtoffers als medelijden met de gehele mensheid. Zoiets verschrikkelijks mag nooit meer gebeuren, hier niet en nergens.

Ik blijf vier dagen in New York. Vier dagen van rust, ver van de
vijandige sfeer van de rechtbank, omringd door de onbaatzuch-
tige genegenheid van deze bijzondere mensen. Vóór deze
geschiedenis was ik nog nooit in de Verenigde Staten geweest en
had ik nog nooit met een Amerikaan gesproken. Het enige wat
ik van het land wist, was wat me op televisie werd verteld. Ik
moet bekennen dat ik me, toen ik er in december 2001 naartoe
ging, afvroeg hoe ze me zouden ontvangen. Over het algemeen
ontmoette ik open, respectvolle en zeer warme mensen. Ook op
straat ben ik, in tegenstelling tot wat sommige vrienden me hadden voorspeld, nooit geconfronteerd met een ongepast gebaar of
woord of een misplaatste blik. Ik logeer dan ook graag een paar
dagen bij deze vrouw, die mijn zuster is geworden. Iedere avond
worden we uitgenodigd bij families van slachtoffers, de een nog
warmer en guller dan de andere. Ik zal hun gastvrijheid nooit
vergeten.

De avond voor ik vertrek heeft Phyllis een geheimzinnig glim-
lachje op haar gezicht, alsof ze een verrassing in petto heeft: 'De
dominee heeft een avond van vergiffenis georganiseerd ter ere

van jou,' vertelt ze. 'Hij zou heel blij zijn als je ook zou komen.'
Ik ben sprakeloos.

Als ik de deur van het kleine kerkje in New York open, staat
een dertigtal mensen klaar om me met open armen te ontvangen en aan de borst te drukken.

Een grote, mooie vrouw komt naar me toe. Ze heet Connie.
Haar zoon is gestorven in een van de torens van het World Trade Center. 'Ik heb veel artikelen over u gelezen,' vertrouwt ze
me toe, 'en ik wilde u graag ontmoeten om u te zeggen dat ik u
steun en met u meeleef.' Ik zou haar graag willen zeggen hoe
diep haar woorden me raken, hoeveel hun vriendelijkheid me
doet, maar mijn Engels is te gebrekkig. Dus ik omhels de vrouw
en we blijven een paar seconden zo staan om elkaar te troosten,
als twee vrouwen die verenigd worden door dezelfde pijn.

'Phyllis heeft ons verteld dat u geen hoop meer heeft,' zegt de
man van Connie, 'maar u moet voor uzelf zorgen. Dit is niet het
moment om het op te geven. Denk iedere keer dat het u te veel
wordt aan ons en weet dat wij altijd aan u denken.'

Ik ben ontroerd door hun genegenheid, door hun adviezen. 'Wij
moeten doorgaan met ons leven,' zegt Phyllis, terwijl ze mijn
hand in de hare neemt, 'maar voor jou is het ingewikkelder, jij
zit in een impasse. Daarom moet je de moed niet opgeven en
doorgaan met je strijd.'

Er volgen meer van dit soort ontmoetingen, allemaal even
oprecht, even aangrijpend. Op een andere avond staat een jonge
vrouw op en loopt naar me toe. Ze is zwanger. Ze legt me uit dat
ze haar vader heeft verloren in de torens van het WTC.

'Nu draag ik leven in mij, ik wil geen haat dragen,' zegt ze,
voordat ook zij me omhelst.

Dit is de eerste keer dat ik zoiets meemaak, dat ik zo veel mensen zie die zijn verenigd door hetzelfde verdriet en elkaar willen helpen zonder aan zichzelf te denken. Ik voel me goed bij deze mensen. Ze zijn hier louter uit liefde voor de ander, ongeacht huidskleur of religie.

Ik denk aan Zacarias. Kon hij maar hier zijn en zien dat het gif van de haat die hij in zijn hart draagt, niet op kan tegen de kracht van tolerantie en liefde, die ik hier in New York vind op enkele honderden meters van Ground Zero.

32

Het spel wordt gespeeld...
maar de uitkomst staat al vast

14 maart 2006. Sinds vijf dagen ben ik weer in Narbonne. Ik volg
het proces op de televisie en via de dagelijkse telefoontjes van
mijn vriendin Phyllis. Plotseling gaat de telefoon. Het is een
bevriende journalist: 'Heb je het nieuws gehoord? Het is ongelooflijk!'

'Nee, wat is er gebeurd?'

'Het proces is geschorst. De rechter heeft ontdekt dat de aanklager heeft geprobeerd getuigen te beïnvloeden. Iedereen zegt
dat ze nu niet meer de doodstraf kunnen eisen!'

Hij vraagt of ik blij ben. Hoe kan ik hem uitleggen dat het niets
uitmaakt: Zacarias zal hoe dan ook in de gevangenis sterven, van
ouderdom of door een andere oorzaak. Ik kan er niet blij om zijn
dat het leven van mijn zoon is gered door een procedurefout of
iets van dien aard. Wat ik wil is dat de waarheid wordt onthuld
en dat hij wordt veroordeeld voor wat hij heeft gedaan, en alleen
voor wat hij heeft gedaan, niet voor wat hij vertegenwoordigt...

Voor mij is dit incident alleen maar een bewijs dat de Amerikaanse regering bereid is te liegen en te manipuleren om haar
doel te bereiken: mijn zoon aanwijzen als schuldige. En ik weet
dat ze zal winnen.

3 april. Ik zit in mijn woonkamer met zowel de televisie als de radio aan. De jury maakt haar eerste beslissing bekend: volgens hen is Zacarias schuldig. Als hij niet had gelogen na zijn arrestatie een maand voor 11 september, hadden de aanslagen voorkomen kunnen worden.

Ik word heen en weer geslingerd tussen woede, verdriet en afschuw. Hij heeft eindelijk wat hij wil, en dat neem ik hem kwalijk. Een week eerder heeft hij weer drie uur lang verklaard dat hij deel uitmaakte van het commando van piloten. En tot grote tevredenheid van de officier van justitie voegde hij er zelfs aan toe dat hij de piloot van het vijfde vliegtuig had moeten zijn, het vliegtuig dat op het Witte Huis had moeten neerstorten. Hij beweerde zelfs dat Richard Reid, de man met de schoenbom, deel uitmaakte van zijn groep, terwijl zelfs de FBI zegt dat dat onmogelijk is!

'Wilde u Amerikanen doden?' vroeg de openbare aanklager.

'Ja!' zei Zacarias krachtig.

Dat zijn verhaal steeds verandert en dat hij tegenstrijdige details geeft, interesseert blijkbaar niemand, zolang hij maar blijft verklaren dat hij schuldig is.

Na dit optreden is het niet verbazend dat niemand de volgende dag aandacht schenkt aan de getuigenissen van de leiders van al-Qaida, die door de Amerikanen zijn gearresteerd. Toen hun werd gevraagd naar Zacarias verklaarden ze dat hij onschuldig was. De eerste van hen was de nummer twee van al-Qaida, de organisator van 11 september: sjeik Khaled Mohammed, die de Amerikanen vasthouden in een geheime gevangenis. Hij bevestigt dat Zacarias in eerste instantie was uitgekozen om deel te nemen aan 'een andere reeks aanslagen', die later zou volgen, maar dat hij uiteindelijk aan de kant werd gezet omdat hij 'te

veel praatte' en niet betrouwbaar was. Sayf al-Adl, een bevel-
voerder van de militaire afdeling van al-Qaida, is nog duidelij-
ker: er was 'absoluut geen sprake van' dat Zacarias 'deel uitmaakte van de missie van 11 september'.

Waarom zouden deze mannen liegen? Ze hebben er geen enkel
belang bij om Zacarias vrij te pleiten en toch zijn ze, zonder dat
ze hebben overlegd, heel stellig: Zacarias heeft niets te maken
met 11 september. De Amerikaanse regering heeft alles gedaan
om het effect van deze getuigenissen te minimaliseren. Ze kwamen pas aan het licht nadat Zacarias in 2005 schuldig had
gepleit. En tijdens het proces mocht geen van deze mannen persoonlijk een getuigenis afleggen. Een gerechtelijk ambtenaar las
de verklaringen met monotone stem voor. 'Ik val bijna in slaap,'
had Phyllis gezegd.

De jury heeft de verklaringen niet meegewogen. Ze geloofden
liever in de hersenspinsels van een verdachte die alles zou zeggen
om als martelaar te kunnen sterven. Zijn ze vergeten dat Zacarias vlak voor het begin van het proces tegen een politieman heeft
gezegd dat hij liever wilde 'sterven in de strijd' dan 'in een gevangenis, op de wc'? De boodschap is toch duidelijk: hij wil geen
levenslang en doet er alles aan om de doodstraf te krijgen, ook als
hij daarvoor de geschiedenis moet herschrijven en zijn eigen beul
moet worden. En de Amerikaanse regering doet op haar beurt
alles om hem veroordeeld te krijgen. Ze laten zo'n mooie kans
om het publiek de ideale schuldige, iemand die verantwoordelijk
is voor hun leed en hun nachtmerries, te tonen, niet schieten.
Maar waarom gebruiken ze daarvoor niet het proces tegen sjeik
Khaled Mohammed, de man die de aanslagen heeft voorbereid, in
plaats van het proces tegen mijn zoon, die verstrikt is geraakt in
een spel dat boven zijn hoofd wordt uitgespeeld?

Het spel wordt gespeeld... maar de uitkomst staat al vast

Ik kan me niet bij de beslissing van de jury neerleggen. Meer dan ooit heb ik de indruk dat het toneelstuk dat in de rechtszaal wordt opgevoerd, van tevoren is opgeschreven. Hoe is de beslissing van de jury anders te verklaren? Binnen één maand hebben ze gehoord dat de FBI, die meer over de aanslagen wist dan Zacarias zelf, hem niet als een verdachte beschouwde op het moment van zijn arrestatie, dat de officier van justitie heeft geprobeerd getuigen te beïnvloeden, dat de leiders van al-Qaida hem hebben vrijgepleit en dat mijn zoon enkele keren van mening is veranderd en zichzelf nu schuldig verklaart aan dingen die hij twee maanden eerder nog ontkende. In iedere andere zaak zou men dit proces een farce noemen. Er was minder voor nodig om O.J. Simpson vrij te pleiten! Nu stelt niemand zich vragen en lijkt iedereen de tegenstrijdigheden volkomen normaal te vinden.

Sinds 12 september 2001 brengen de media hem naar voren als schuldige. Niemand weet precies waaraan hij schuldig is, maar schuldig is hij. De ene keer is hij 'de twintigste kaper' de andere keer een 'ronselaar', weer later 'de medeplichtige van 11 september' en uiteindelijk 'de terrorist van de tweede golf'. De meeste kranten schrijven braaf op wat de Amerikaanse regering dicteert, zonder ooit iets aan de kaak te stellen of bewijzen te zoeken. 'Hij maakt deel uit van al-Qaida, dus is hij schuldig', dat is wat de regering tussen de regels door zegt. Maar voor zover ik weet maakt deelname aan al-Qaida je nog niet tot de moordenaar van drieduizend onschuldigen. Misschien verdien je daarvoor gevangenisstraf, maar zeker niet de doodstraf! En kom mij niet vertellen dat hij er goed van afkomt als hij 'alleen maar' levenslang krijgt!

Ik weet in mijn hart dat Zacarias niet bij het commando van 11 september hoorde. Ik voel het. Toen hij me in 2001 schreef en toen ik hem in 2002 zag, klonk in zijn woorden de waarheid door. Hij heeft zijn levenswijze, zijn lidmaatschap van al-Qaida, zijn haat voor het Westen en zijn reizen naar Tsjetsjenië en Afghanistan nooit voor me verborgen gehouden. En toch heeft hij altijd gezworen dat hij niets te maken had met 11 september. En ik weet dat hij niet liegt. Pas later begon hij zichzelf schuldig te verklaren, na drie jaar isolement in zijn extra beveiligde gevangenis. En als ik hem in het beklaagdenbankje zie zitten, met een gezicht als van een drugsverslaafde en het uiterlijk van een extremist, weet ik zeker dat hij niet zichzelf is.

Door te verklaren dat hij medeplichtig is, hebben de juryleden me de laatste hoop ontnomen dat de waarheid naar boven komt. Tot het einde toe had ik diep in mijn hart nog een sprankje hoop, ondanks de druk van de aanklager, ondanks de verklaringen van Zacarias zelf. Maar nu is het echt voorbij.

Mijn zoon zal niet alleen zijn hele leven in de gevangenis doorbrengen voor een misdaad die hij niet heeft gepleegd, maar hij is in de ogen van de wereld van nu af aan ook schuldig aan de monsterlijke aanslagen van 11 september.

Ik kan nu alleen maar wachten tot bekend is op welke manier Zacarias zal sterven: in de ruimte waar het doodvonnis wordt voltrokken, of in zijn cel, over dertig, veertig of vijftig jaar.

Ik zal nooit genoeg tranen hebben om mijn pijn weg te spoelen.

6 april, het begin van de tweede fase van het proces. Nu gaat het om de vraag of er verzwarende omstandigheden zijn voor Zacarias of niet. Voor mij betekent dat niets meer. Het kan me niet schelen. Ik weet dat de officier van justitie hoe dan ook alle middelen zal inzetten om Zacarias veroordeeld te krijgen tot de doodstraf.

Het spel wordt gespeeld... maar de uitkomst staat al vast

Een paar dagen achter elkaar laat de rechtbank fragmenten zien uit de film *United 93*, die de laatste momenten beschrijft van de ongelukkige passagiers van het vliegtuig dat op 11 september 2001 in Pennsylvania neerstortte. In de zaal wordt ook een film getoond van het instorten van de Twin Towers. Tot slot verschijnen tientallen ouders van slachtoffers om uiting te geven aan hun pijn.

Wie kan daar ongevoelig voor blijven? Ik niet. Er zijn geen excuses voor deze barbaarse daad. Het kost me veel moeite om de verslagen te lezen en de beelden van de aanslagen te bekijken. Mijn ogen vullen zich met tranen. Maar ik voel ook woede opkomen. Ik heb de indruk dat de aanklager probeert het publiek en de jury te beïnvloeden door de emotie en de pijn van deze tragedie opnieuw op te roepen, met als doel alle haat op Zacarias te richten, zonder zich iets gelegen te laten liggen aan de waarheid of aan mensen als Phyllis die niet om wraak vragen.

Helaas overtreft het resultaat hun verwachtingen door de manier waarop Zacarias zich opstelt. Ik moet zijn verklaringen drie keer lezen. Ik kan maar niet geloven dat hij de woorden heeft uitgesproken die ik lees: 'Ik had graag gezien dat er een 12, een 13, een 14 september waren gevolgd, en zo verder,' zei hij toen hem de beelden werden getoond van de brandende torens, voordat hij iets later de zaal verliet onder het zingen van 'Burn in the USA' op de melodie van de hit 'Born in the USA' van Bruce Springsteen.

Ik lijd. Ik lijd voor hem, omdat zijn hatelijke woorden hem van zijn waardigheid beroven en hij zijn eigen graf graaft. Maar ik lijd vooral voor Phyllis, voor Connie en voor al die andere vrienden die bij de aanslagen een dierbare hebben verloren. Ik zou graag daar zijn om hun te vertellen hoe geschokt ik ben door het kwetsende gedrag van Zacarias. Phyllis heeft het aangevoeld. Ze belt me op en, hoe ongelooflijk het ook mag lijken, zij voelt mee met míj. Ze weet dat de houding van mijn zoon me pijn doet en wil me steun bieden. Alleen vriendschap en broederschap houden deze wereld in stand.

Uiteindelijk, na drie dagen van angstaanjagende beelden, waarschuwt de rechter zelf de openbare aanklager: 'Pas op, door de jury zo te beïnvloeden loopt u het gevaar het proces te verstoren,' legt ze uit. De officier van justitie begrijpt dat hij geen beelden meer moet tonen van de dood van onschuldigen om die van mijn zoon te eisen. Hij trekt de video's terug. Maar is het niet al te laat?

17 april. Jeugdvrienden van Zacarias, Gilles en Fabrice, komen getuigen. Lange tijd waren zij zijn beste vrienden. Zo was Fabrice degene die het vriendinnetje van Zacarias thuis ophaalde na de botsing met haar vader. Op de hoorzitting vertellen ze dat Zacarias een normale, vrolijke jongen was die graag lachte en niet racistisch of religieus was. Fabrice was zelfs in tranen omdat degene in het beklaagdenbankje in niets meer leek op zijn vriend. Phyllis had de indruk dat Zacarias voor het eerst aangedaan was. Tijdens hun getuigenis protesteerde hij niet, toonde hij niet zijn gebruikelijke spottende, half onverschillige, half minachtende glimlach.

Gewoonlijk roept Zacarias aan het einde van iedere hoorzitting 'Allah Akbar', 'Glorie aan Bin Laden', 'Dood aan de joden en de Amerikanen'.

Maar nu verliet hij de zaal zonder zijn 'dood aan de joden'. Dat was geen vergissing: hij weet dat Gilles, zijn oude vriend, joods is en hij wilde hem niet kwetsen.

Het is de eerste keer sinds het begin van het proces dat ik een bericht hoor dat me doet glimlachen. Voor mij is dit het teken dat hij vanbinnen nog niet dood is, dat er misschien ergens nog een klein vonkje gloeit dat een vuur in zijn ziel kan laten ontbranden.

20 april. Phyllis belt. Ze is bijna vrolijk. 'Eindelijk hebben wij ons zegje kunnen doen. De jury heeft kunnen horen dat niet alle ouders van de slachtoffers wraak willen.'

'Wat is er precies gebeurd?'

'We hebben voor de rechter verklaard dat we niet willen dat je zoon de doodstraf krijgt. Dat je dood niet met dood moet vergelden.'

Eindelijk hebben ze de kans gehad hun stem te laten horen. De hele wereld heeft kunnen zien hoe goed en edelmoedig deze mensen zijn. Ze verdienen het. Allemaal hebben ze bij de aanslagen een dierbare verloren en toch verzetten ze zich tegen de openbare aanklager, zoeken ze de media op om uit te leggen dat mijn zoon niet de echte schuldige is en dat het nergens toe leidt je te laten verblinden door haat. Voor al deze mensen voel ik grenzeloze dankbaarheid en eerbied.

Maar ik kan het enthousiasme van mijn vriendin niet delen. Het is te laat. Als de rechter en de media eerder de moeite hadden genomen om naar deze vredesboodschappen te luisteren, zou het er nu misschien anders uitzien. Maar nu, aan het einde van het proces… Zeker nu de spanning tussen Zacarias en Gerald Zerkin, de leider van het advocatenteam, is uitgegroeid tot persoonlijke haat. Mijn zoon heeft hem nooit vertrouwd en noemde hem regelmatig 'bloedzuiger'. Hij verwijt hem vooral dat hij Sadiq Khan geen toestemming heeft gegeven het dossier in te

zien. Daarom heeft de Engelse advocaat, de enige in wie Zacarias vertrouwen had, zich teruggetrokken. Mijn zoon is ervan
overtuigd dat Zerkin het spel van de regering meespeelt en hem
probeert af te schilderen als een nietsnut, een zielige persoon,
onder het mom hem daarmee te redden. Dus doet Zacarias alles
om hun werk te saboteren. En iedere keer dat Zerkin bij hem in
de buurt komt, kijkt Zacarias hem strak aan en mompelt hij:
'Moge de bliksem van Allah u treffen!'

Ik vraag me nog steeds af of Zacarias zich zo onverantwoorde-
lijk gedraagt om zijn advocaten te dwarsbomen, het hun onmogelijk te maken hem te verdedigen. Hoeveel macht hebben
woorden van vrede en vergiffenis in dit treurige schouwspel?

'Je vergist je, Aïcha,' stelt Phyllis me gerust. 'Als je erbij was
geweest, had je gezien dat de jury echt diep onder de indruk was.'

De aanklacht en het pleidooi van de advocaten hebben mijn
woede alleen maar versterkt. Ik dacht dat het dieptepunt was
bereikt toen ik de harde woorden hoorde van de openbare aanklager: 'Deze jongen verdient het niet om bij ons op deze mooie
planeet te blijven,' sprak hij indringend tot de jury, voordat hij
de doodstraf eiste. Maar dat is nog niets vergeleken met wat mr.
Zerkin, nota bene de advocaat van mijn zoon, presteerde. Zijn
pleidooi was erger dan een aanklacht. In plaats van gewoon te
zeggen dat niemand het recht heeft een onschuldige te execute-
ren, legde hij in detail aan de jury uit dat de doodstraf te mild zou
zijn voor Zacarias en dat de jury de macht had om hem tot zijn
dood te veroordelen 'tot een ellendig bestaan' door hem tot
levenslang te veroordelen. Is het de taak van een advocaat om de
jury aan te raden zijn cliënt te laten lijden tot zijn dood?

Ik denk weer aan het moment dat mijn zoon zei dat zijn advocaten zijn vijanden waren. Hij en Zerkin haten elkaar al sinds lange tijd. Ik vermoed dat de Amerikaanse advocaat op deze manier wraak neemt.

Phyllis heeft in ieder geval in één opzicht gelijk. Hier hang ik maar doelloos rond.

Het proces is bijna ten einde en mijn plaats is naast mijn zoon, naast mijn vrienden. Ik besluit opnieuw naar Washington te vertrekken om het vonnis af te wachten.

33

Het vonnis

Helaas loopt dat anders dan verwacht. Vanaf het moment dat ik
aankom, laat Zacarias de rechter weten dat hij niet wil dat ik bij
de uitspraak van het vonnis aanwezig ben. Hij is weer bang dat
ik hysterisch word en wil niet dat zijn moeder zich te kijk zet
voor al die mensen.

Hij weet niet dat ik niets van dit vonnis verwacht. Ik zal kalm
blijven, want in mijn gedachten is hij al veroordeeld. Zacarias
begrijpt niet dat ik voor hem kom, om hem te steunen en nergens anders voor. Toen hij me zei dat ik me niet met hem moest
bemoeien, dat ik niet met de advocaten mocht spreken, heb ik
hem niet gehoorzaamd. Wanneer ik ook maar een minieme kans
zag om hem te helpen, greep ik die iedere keer met beide handen aan. Maar deze keer is het anders. Het spel is gespeeld en er
is niets meer aan te veranderen. Ik geef me gewonnen en ga met
bezwaard gemoed linea recta terug naar Frankrijk. De gedachte
komt in me op dat hij om mijn gevoelens te sparen niet wil dat
ik erbij ben als hij zich ter dood laat veroordelen.

Ik blijf even in Parijs, waar ik terecht kan in een appartement
van vrienden die afwezig zijn. Ik wil niemand zien, zeker geen
journalisten. Ik wil alleen zijn als het vonnis wordt uitgespro-

ken. Ik vecht al vijf jaar in de hoop dat ik de uitspraak enigszins kan beïnvloeden. En nu ben ik bang voor mijn reactie. Zal ik me kunnen beheersen als hij ter dood wordt veroordeeld of zal ik overstuur zijn en volledig instorten? Ik weet het niet. Daarom heb ik besloten dit moment in mijn eentje af te wachten. Ik wil niet dat er iemand bij is als ik instort.

4 mei. De uitspraak wordt om halftien 's avonds verwacht. Mijn handen trillen. Iedere dertig seconden kijk ik mechanisch op de klok. Mijn ademhaling is gejaagd snel en ik heb het gevoel dat mijn hart ieder moment uit elkaar kan barsten. Ik ben extreem nerveus. De tijd lijkt stil te staan. Dit wachten is een kwelling.

Tegen de journalisten heb ik gezegd dat levenslang erger is dan de doodstraf, omdat dat een langzame, geniepige dood is die alles wat nog menselijk is in mijn zoon verwoest, nog voordat hij zijn laatste adem uitblaast. Maar diep vanbinnen hoop ik toch dat hij levenslang krijgt. In de uitdrukking 'levenslange gevangenisstraf' zit het woord 'leven'. Nu het vonnis over enkele minuten wordt uitgesproken, klamp ik me ondanks mezelf toch vast aan de hoop dat de tijd mijn zoon in staat zal stellen om in de gevangenis zijn demonen te verdrijven.

Wat doet Zacarias op dit moment? Waar denkt hij aan? Hoopt hij echt dat hij de doodstraf krijgt, zoals hij gedurende het hele proces beweerde, of was dat allemaal slechts een strategie? En als dat laatste het geval was, is hij dan ook bang?

Ik hoop bijna dat ook hij bang is, dat ook hij klamme handen en een knoop in zijn maag heeft, dat het koude zweet hem uitbreekt. Het lijkt misschien vreemd dat een moeder hoopt dat haar zoon verlamd is van angst, maar voor mij zou dat het bewijs zijn dat hij nog in staat is emoties te voelen.

Zacarias, hoe ben je toch in deze rechtszaak beland, waar je nu moet afwachten hoe anderen over je leven beslissen? De beelden van gelukkige jaren komen terug in mijn herinnering. Ik zie je voor me als kleine jongen, toen je je tegen me aan drukte om geliefkoosd te worden. Je vreugdekreet toen ik je je eerste voetbal gaf en later, met je broers en zussen, toen we poseerden voor een gezinsfoto op de rotsen van het strand. Wat waren we gelukkig!

Ook dat is een reden dat ik liever in mijn eentje het vonnis afwacht: ik wil alleen zijn met mijn zoon, misschien wel voor het laatst, ook al is het alleen maar in gedachten.

Negen uur. Het gerinkel van mijn mobiele telefoon brengt me wreed terug naar de werkelijkheid. Ongetwijfeld een journalist. Ik neem niet op. In het appartement kan ik helaas geen kanalen ontvangen die onafgebroken informatie bieden, en al helemaal geen internationale kanalen. Dus zet ik de radio aan om er zeker van te zijn dat ik niets mis, dat ik het vonnis live kan beluisteren.

21.20 uur. Het moment nadert. De spanning wordt ondraaglijk. Ik bel vrienden om te controleren of het allemaal wel echt is, of ik niet midden in een nachtmerrie zit.

21.28 uur. Ik kan me niet verroeren, verlamd als ik ben door angst. Werktuiglijk zet ik het volume hoger. Ik wil niet dat een geluid van buiten het moment suprême verstoort.

21.30 uur. Het is zover. De journalist vertelt meteen wat het vonnis is: 'LEVENSLANGE GEVANGENISSTRAF'. Ik zou opgelucht moeten zijn, maar dat is niet het geval. Deze straf voelt als een onrecht. Levenslange gevangenisstraf staat op geen enkele manier in verhouding tot de daden die Zacarias feitelijk heeft gepleegd.

Het vonnis

Later hoor ik dat Zacarias bij het verlaten van de zaal nog een keer de aanwezigen heeft getart: 'Ik heb gewonnen, jullie hebben verloren! Ik zal vrij zijn voordat George W. Bush vertrokken is. Wij zijn de soldaten van God, jullie zijn de legers van Satan!' Maar wat heeft hij dan gewonnen, behalve dat hij langzaam mag sterven voor iets wat hij niet heeft gedaan?

De telefoon rinkelt onophoudelijk. De journalisten willen weten of ik opgelucht ben dat hij niet wordt geëxecuteerd. Ik heb de kracht niet meer om ze te woord te staan. Wat ik wilde was dat recht zou worden gesproken, dat de waarheid aan het licht zou komen. Hoe kan ik tevreden zijn met een vonnis dat een parodie op de rechtspraak is? Hoe kan ik vreugde voelen over het feit dat mijn zoon levenslang krijgt, als ik lees dat de meeste gevangenen in Guantanamo, die ook voor al-Qaida hebben gestreden, slechts veroordeeld zijn tot enkele jaren?

Ik word overmand door woede en walging.

Ik ben nog maar net aan het herstellen van de lange martelgang die dit proces voor mij was, als Zacarias zelf mijn wonden opnieuw openrijt. Mijn advocaat mr. Baudouin vertelt me dat mijn zoon eindelijk heeft toegegeven dat hij alles heeft verzonnen, dat hij niets te maken had met de aanslagen.

'Hij zegt dat hij schuldig heeft gepleit omdat hij ervan overtuigd was dat zijn lot al vanaf het begin bezegeld was,' legt hij uit.

'Maar dat was ook zo! Ze wilden hem van begin af aan veroordelen!'

'Ja, maar hij dacht dat hij de doodstraf zou krijgen. En nu hij ziet dat dat niet het geval is, denkt hij dat een nieuw proces hem de kans zal geven te bewijzen dat hij niets met 11 september te maken heeft. Maar zo'n verzoek heeft vrijwel geen kans van slagen.'

Waarom heeft hij dat niet eerder gezegd? Waarom luisterde hij niet toen ik zei dat hij zich moest verdedigen, dat hij moest ophouden met dit spel van zelfbeschuldiging? Ik heb geen tranen meer over. Ik ben alleen maar boos op hem en op de fanatici die hem zover hebben gekregen dat hij zijn leven heeft verwoest.

Ik was zo naïef om te denken dat ik na het proces alleen nog maar hoefde te strijden tegen degenen die mijn zoon voor persoonlijk gewin gebruiken. Ik heb me vergist. Enkele dagen na het vonnis lees ik op de cover van een Marokkaans weekblad: Aïcha el-Wafi verklaart: 'Ik beschuldig Marokko ervan mijn zoon in de steek te hebben gelaten.' Die zin heb ik nooit uitgesproken. Bovendien, waarom zou ik Marokko verwijten maken terwijl mijn zoon Fransman is en hij niet eens een dubbele nationaliteit heeft? Als ik een land verwijten zou maken, zou het Frankrijk zijn, dat niets heeft ondernomen om ons te helpen. Dus waarom heeft het blad dat opgeschreven, wat voor belang hebben ze daarbij? Ik heb geen idee. Het enige wat ik begrijp is dat talloze mensen bereid zijn tot vergaande manipulaties om van deze zaak te profiteren. En degenen die de prijs betalen zijn Zacarias en ik...

Vijftien dagen later, 23 mei. Bin Laden in eigen persoon verbreekt de stilte om deel te nemen aan het debat.

Op een geluidsopname bevestigt hij dat Zacarias op geen enkele manier betrokken was bij de aanslagen van 11 september. Ik ga snel het internet op om zijn verklaring te lezen.

'Ik persoonlijk heb deze aanval aan de negentien broeders toevertrouwd en ik heb broeder Zacarias geen opdracht gegeven zich bij hen te voegen in deze missie,' verklaart hij. 'Niemand die bij zijn verstand is, kan eraan twijfelen dat zijn bekentenissen het resultaat zijn van de druk die vierenhalf jaar lang op hem is uitgeoefend.' Bin Laden legt ook uit dat hij in augustus 2001 op de hoogte werd gebracht van de arrestatie van Zacarias en dat als mijn zoon ook maar iets wist over de groep van 11 september, de leider van al-Qaida 'emir Mohammed Atta en zijn broeders had opgedragen Amerika onmiddellijk te verlaten voordat het [project] zou zijn afgerond'.

Bin Laden pleit mijn zoon volledig vrij, maar op mijn dankbaarheid hoeft hij niet te rekenen. Waarom heeft hij niet eerder gesproken? Waarom heeft hij niet geprobeerd zijn 'broeder Zacarias', zoals hij hem noemt, te redden, in plaats van hem in zijn cel in de steek te laten? Weer heeft hij hem gebruikt voor zijn eigen politieke belangen.

Nu is het te laat: Zacarias zal in de gevangenis sterven, duizenden kilometers van zijn naasten!

Wat doet hij, waar denkt hij op dit moment aan? Die vraag stel ik me tien keer per dag. Ik maak me zorgen over zijn psychische en lichamelijke gesteldheid. De gevangenis waar Zacarias naar is overgebracht, is een hel. Hij zit in een afdeling die de bijnaam 'Gang van de bommenplaatsers' heeft gekregen. Op enkele meters van hem zitten Richard Reid en Ramzi Youssef, de man achter de eerste aanslag op het World Trade Center. Maar hij zal hun pad ongetwijfeld nooit kruisen. Net als zij zit hij in volledig isolement: hij krijgt geen enkele andere gevangene te zien en brengt drieëntwintig uur per dag door in zijn cel van drie bij twee. Zijn enige contact met de buitenwereld: het moment dat de bewaker zijn maaltijd onder de deur door schuift. Hij mag geen boeken of kranten lezen, geen bezoek ontvangen. Hij heeft alleen een piepkleine televisie die aan één stuk door educatieve en religieuze programma's toont.

Ze zullen hem gek maken. Ik heb gezien hoe hij na vijf jaar achter de tralies is veranderd. Hoe zal hij zich daar staande houden, ver van degenen die van hem houden, verlaten door degenen die hij dacht te dienen en gekweld door berouw over het feit dat hij zichzelf in de afgrond heeft gestort?

Ik begrijp de logica achter deze wrede behandeling niet. Als hun doel is hem elk contact met anderen te ontzeggen en te voorkomen dat hij nadenkt over de wereld en de gevolgen van zijn daden, kunnen ze hem beter doden! Maar waarom deze langdurige marteling? Wat heeft het voor zin hem te veroordelen tot krankzinnigheid?

Ik denk terug aan het commentaar van een oude gevangenisdirecteur. Tijdens het proces vertelde hij over de omstandigheden waarin Zacarias de rest van zijn leven gevangen zou zitten: 'In dergelijke omstandigheden zal zijn toestand verergeren [...] Ik heb veertig jaar lang gevangenen geobserveerd en ik kan u zeggen dat ze na verloop van tijd wegkwijnen.'

Zes maanden na het proces heb ik nog steeds niets van mijn zoon gehoord. Ik weet niet hoe hij zijn dagen vult of hoe het met hem gaat. Is het tot hem doorgedrongen dat hij zijn leven voor niets heeft verwoest, dat hij door iedereen is gemanipuleerd, ook door degenen voor wie hij dacht te strijden, of is hij nog steeds blind? Ik voel me alleen. Niemand, zijn nieuwe advocate (ook weer een toegewezen pro-Deoadvocate), noch de Franse regering kan me zeggen hoe het hem vergaat nu hij levend is begraven in zijn extra beveiligde gevangenis voor iets wat hij niet heeft gedaan. Deze stilte voedt mijn nachtmerries.

Ik weet maar één ding: ik zal mijn zoon niet in de gevangenis laten verkommeren.

Epiloog

De afgelopen vijf jaar heb ik geprobeerd Zacarias te redden. Ik heb gestreden tegen de wraakzucht van sommigen en de vergeldingsdrang van anderen, maar vooral tegen hemzelf. Het is me niet gelukt, maar de strijd is nog niet voorbij. Nu kan niemand meer volhouden dat hij een rol speelde bij de aanslagen van 11 september. Op 13 juni 2006 kwam al-Qaida zelfs met een communiqué om de naam te onthullen van de echte 'twintigste man', een zekere 'Tourki ben Fheid al-Mouteiri – Faouaz al-Nachmi', een Saoediër die in 2004 werd gedood.

Dus ik zal blijven strijden voor mijn zoon, hoe lang het ook duurt.

In deze vijf jaar heb ik iedere mogelijke gemoedstoestand doorgemaakt, van twijfel tot euforie, van woede tot verslagenheid. Ik was er niet op voorbereid. Toch, als ik naar mijn leven kijk, merk ik dat ik altijd dezelfde strijd heb gevoerd, tegen dezelfde vijand: onrecht. Het onrecht dat mijn zoon, een zondebok in een kwestie die hem boven de pet gaat, is aangedaan, hetzelfde onrecht dat ontstaat uit obscurantisme en intolerantie.

Ik ben gevlucht uit een wereld van onderdrukking. Ik heb in

mijn eentje duizend hindernissen overwonnen om mijn kinderen de kans te bieden hun eigen leven te leiden, ver van alle
mogelijke invloeden, te kunnen studeren zodat ze in hun eigen
levensonderhoud zouden kunnen voorzien en zich open konden
stellen voor de wereld. Ik dacht dat ik mijn kinderen kon
beschermen tegen geweld en intolerantie door ze los te rukken
uit het keurslijf van tradities en gewoonten. Dat ik ze zo de kans
gaf een vrij leven te leiden. Het is me niet gelukt. De 'valse'
waarden waartegen ik me mijn hele leven heb verzet, hebben
zich uiteindelijk gewroken door mij mijn twee zonen af te
nemen en me mee te sleuren in een draaikolk van pijn en lijden.

Maar ik moet blijven vechten. Ik heb het recht niet om het bijltje er nu bij neer te gooien en haat en obscurantisme te laten
winnen.

Ik heb nooit geprobeerd de rol van Zacarias te bagatelliseren,
zijn lidmaatschap van al-Qaida en zijn dromen over de jihad te
ontkennen. Zijn ideeën zijn niet de mijne en zullen dat ook
nooit zijn. Ik geloof boven alles in een boodschap van vrede en
broederschap. Ik kan geen woorden vinden die hard genoeg zijn
om de denkwereld van mijn zoon te beschrijven, maar ik heb het
recht niet hem in de steek te laten.

Want diep vanbinnen weet ik, net als alle andere moeders, dat
er in hem nog een sprankje menselijkheid leeft. Mijn doel is vanaf nu om hem aan de duisternis te onttrekken waarin hij zich
heeft opgesloten en hem terug te brengen in onze wereld.